日本の名作住宅

エレメント & ディテール

小泉隆
松野尾仁美
福山秀親
信濃康博
吉村祐樹
近藤岳志

学芸出版社

はじめに

　本書は、日本の名作住宅として名高い、8 名の建築家らによる 12 の住宅を紹介するものである。

　取り上げる 8 名の建築家は、藤井厚二（1888-1938）、アントニン・レーモンド（1888-1976）、吉田五十八（1894-1974）、坂倉準三（1901-1969）、前川國男（1905-1986）、吉村順三（1908-1997）、西澤文隆（1915-1986）、清家清（1918-2005）で、いずれも近代化が加速する日本の建築界を牽引してきた人物である。なお、紹介する住宅には上記の建築家以外の人物が手がけたものが含まれており、四君子苑の 1944 年に建てられた部分は棟梁の北村捨次郎（1894-1945）、1982 年に竣工した猪股邸の増築部は吉田の弟子である野村加根夫（1935-2006）の設計による。

　年代的には 1928 年から 1974 年までの住宅を紹介するが、今なお住み続けられているもの、文化遺産として保存・管理されているものがある一方、惜しくも解体されてしまったものもある。

　これらの住宅からは、優れた設計手法により生み出された豊かな空間やシークエンス、緻密なディテールなど、時を超えて学ぶべきことが多く、現代の住宅が失ってしまったもの、あるいは失いつつあるものを私たちに示してくれる。

　その一端を伝えるべくまとめた本書では、取り上げる建築家と住宅作品を概観した後、特に注目すべき要素を「外構」「玄関・廊下」「内部空間」「中庭・坪庭」「窓・建具」「暖炉」「造作家具」「置き家具・照明」の八つのカテゴリーに分けて、写真・図面とともに紹介していく。なお、写真については、一部を除き筆者が撮影したものを掲載している。

　本書から、デザインの良さや空間の質の高さのみならず、そこに込められた建築家の思想や強い思い、エネルギーを感じとっていただけるとうれしい。

　本書が、学生をはじめ実務者の方々にも、広く住宅設計の参考資料として役立つことを願う。さらには、日本の住宅の理解を一層深める助けとなり、新たな側面を浮き彫りにするきっかけとなれば幸いである。

小泉　隆

目次

本書に掲載している図版を作成する際に用いた参考文献については、各キャプションに［　］にて文献番号を記している（各番号は p.220 に掲載している参考文献リストの文献番号に対応）。また、写真、現地での実測・観察、その他方法により描いたものには［O］を付記している。

日本の名作住宅から見えてくるもの

松野尾仁美

本書について

　本書は、大学の教員である著者らが、主として 2016 年から約 2 年をかけて調査した住宅の中から 8 名の建築家らが手がけた 12 の作品を選び、住宅設計を学ぶ学生や実務者に向けて学ぶべきポイントをまとめたものである。

　実際に調査を行った住宅はいずれも著名な作品であり、隠れた名作と言えるレーモンドの足立別邸などの一部を除き、写真や映像などで見知っているものばかりであった。言うなれば、訪れる前にそれらの空間構成は知っていたのである。

　しかしながら、いざ実体験してみると、見知っているはずの住宅をいかに断片的にしか捉えていなかったかを痛感することとなった。現地調査の中では新鮮な驚きや発見もあり、なぜこういう納まりになっているかを考える謎解きのような楽しさもあった。

　また、実体験を通して、図面で見るよりも空間の広がりに変化が感じられ、なおかつ、空間の流動性を体感した作品が多かった。さらに、空間同士の関係性が多様であることにも気づかされた。

　このような筆者らの実体験に基づいて学ぶべき点をまとめた本書は、空間や間取りの分析とは異なった視点に立っており、実体験で得られた感覚と、その感覚を生み出す空間構成や演出の手法を解説している点に特徴があると言える。

名作住宅に見られる普遍性

　古今東西には名作と謳われる数多くの住宅がある。そうした名作住宅では、建築家の思想が色濃く反映され、豊かな空間が形づくられている。建築家は、自身が追い求める建築理念を具現化するために、論理的かつ多角的に空間を検証し、住宅として結実させている。

　いつの時代にも、話題となり、注目を浴びる住宅作品はある。しかし、名作住宅は、話題性だけが先行する作品とは一線を画している気がしてならない。名作住宅は、年月を経てもなお、新鮮な空間体験を与えてくれる。すでに多くの研究者が指摘しているように、そこには何らかの普遍性があると言ってよいだろう。時間という試金石に耐えられたもののみが名作となりうるのである。

　普遍性とは、すべてのものに通じる性質とされる。好みや家族構成などの個人的な事情が反映される住宅は特殊解になりやすいが、名作住宅には個人住宅でありながらも普

遍的な美しさや豊かさを感じさせる要素が多数存在している。

　そうした名作住宅の普遍性は、機能を超えたところにこそ見出すことができるであろう。人間は、光を感じ、空間を認知し、その中に身を置くことで、美しさや厳かさ、清廉さを感じとる。そのような機能を超越した側面を住宅が持ち合わせることで、日々の暮らしが豊かなものになるはずである。そこには、空間の演出が欠かせない。

　以降では、名作住宅の分析を通して現代住宅へと至る変化を整理することで、現代住宅に不足しているものを明らかにすることを試みる。併せて、住宅ならではの特殊性を踏まえつつ、繰り返し目にする暮らしのシーンの重要性を考察していく。

住宅の産業化とその転換点

　第二次世界大戦、そして戦後の高度成長期（1955 〜 72 年頃）を経た日本では、社会構造が激変し、自ずと住宅のあり方も大きな変貌を遂げた。ここで、当時の日本の住宅がどのように変化したかを整理したい。

　一般的な住宅に注目すると、1965 年以降、「住宅建設の工業化の基本構想」や「パイロットハウス技術考案競技」など、住宅の産業化を推し進める様々な取り組みが行われ、住宅産業が急速に拡大している。その中で、ユニットバスや洗面化粧台といった新たな住宅設備、2 階に個室群が並ぶ都市 LDK 型住宅に代表される住宅の間取り、住宅資材を工業生産し組み立てる仕組みなどが生み出された。

　近年の新築住宅の着工数を見ると、ハウスメーカーが手がける割合は 2 割程度とさほど高くはないものの、ハウスメーカー以外の工務店やビルダーも大半が同様の仕組みを採用している。工場で生産された住宅設備や住宅資材をもとに建築する方式は、業界全体で汎用化されているのである。

　その経緯を振り返ると、現在の標準的な住宅に用いられているような設備・間取り・生産方式は、1975 年頃にはほぼ確立されていたと考えられる。また、戦後の課題とされていた住宅不足についても、1973 年に住宅戸数が世帯数を上回ることで一段落し、それ以降は量から質への転換が図られた。そうした点からも、1975 年頃を節目として当時の住宅を区分することができるであろう。

　一方、建築家が手がけた住宅作品に関しても、同様に 1975 年頃を転換点と見ることができる。現に、本書に取り上げていない作品でも塔の家（東孝光設計、1966 年）など、その後の建築界に多大な影響を与えた住宅作品は 1960 〜 70 年代にほぼ建築されている。本書で 1975 年以前の住宅に注目している背景には、そうした状況がある。

現代の住宅で失われた関係性

　住宅産業の拡大に伴い、新たに建築される住宅から従来の日本家屋らしさが失われて

いったことは事実であろう。現代の住宅では、旧来の工法や建材はもとより、軒下や縁側などの中間領域といったかつての民家の特徴は見られなくなっている。

　工業化の仕組みが確立されて以降の一般住宅の大多数は、単純化された室空間、すなわち部屋を寄せ集めただけの箱の様相を呈している。それと同時に、空間は閉じられ、立地環境を含めた地域性とのつながり、単なる間取りにとどまらない内部空間同士のつながり、さらには住宅内外のつながりといった様々な関係性が排除されていると思えてならない。そのような関係性の喪失により、人々の暮らしは、住宅内部で完結する限定的なものへと変化していった。

　こうした状況に対し、建築家は様々な関係性を問い直そうと新たな作品を世に送り出し続けているが、時代が進むにつれて、概念を言語化し、形態へと結びつける操作が増えているようにも感じられる。しかし、概念操作により生み出された住宅の多くは、視覚的なインパクトが強く、それゆえに普遍性よりも特殊解が前面に出ているような印象は拭えない。

名作住宅に見る豊かな関係性

　そうした現状に着目すると、本書で取り上げる名作住宅から学ぶべき点の一つは、住宅にまつわる様々な関係性のあり方であろう。

　地域との関係性に目を向けると、藤井厚二が手がけた聴竹居では、山の傾斜地という立地条件を十分に活かした計画がなされており、広域の配置図や断面図を見ると周辺環境との良好な関係がよくわかる（p.41）。また、西澤文隆設計の平野邸（正面のない家）では、一見壁に包囲された外観から地域と遮断しているかのように見えるが、都市が住宅などの建築群で成立することを踏まえると、同じ手法の住宅を集積させて地域をつくり出そうとする布石として捉えることができる。そこでは、住宅単体で完結しない地域との関係性を俯瞰的に見る視点が感じられる。

　次に、内部空間同士の関係性を見てみよう。紹介する名作住宅では、吹抜けにより空間を立体的に構成する手法が多く採用されている。また、それらの中では、前川國男自邸の居間におけるスキップフロアによる構成（p.86）、吉村順三が手がけた園田邸の音楽室に見られる効果的な壁の切り欠き（p.96）など、多様な手法が示されている。ここには、同じ吹抜けを用いながらも、生まれる内部空間同士の関係性には様々な違いがあることが見てとれる。

　さらに、住宅内外のつながりに関する事例としては、吉田五十八設計の猪股邸に代表されるような坪庭による外部空間の取り込み（p.114）、四君子苑母屋の居間におけるコーナー部の大開口による内部空間の拡張（p.126）、清家清の私の家に見られる内外に共通の敷石を用いた床面の仕上げ（p.100）などが挙げられる。ここでも、関係性が多様かつ

重層的にデザインされ、空間の質を高めている。

住宅の特殊性

　もう一つの重要な視点は、住宅という建築の特殊性にある。森田良行氏の『基礎日本語 3』（角川書店）には、「『暮らす』には、その期間や時間を過ごすという行動性と、生活するための人間行為の営みとが言外に込められる」と記され、暮らしには、時間軸上での継続性と、生活のための行為という二つの側面があることがわかる。

　こうした暮らしの継続性と生活行為の場という本質は、住宅を機能に縛りつけがちである。継続的な使用に目を向けると、家族構成に変化が生じる何十年単位のスパンや、起床から就寝までの1日単位のスパンなど、異なる時間軸を考慮しなくてはならない。暮らしの営みは、住宅で展開される諸行為が複数の時間軸とともに変化しながら、多層的に行われる。そのことが住宅をより複雑なものにしている。

　さらに付け加えるならば、日常生活の場には利便性が優先されがちという、住宅ならではの事情がある。住宅は暮らしの器であるからこそ、日々の営みを受けとめる場であることが求められる。そこに、他の建築タイプとは異なる、住宅の特殊性を見ることができる。

シーンに着目する理由

　本書では、空間を構成するエレメントやディテールを取り上げながら、それらにより生み出された様々なシーンを紹介している。シーンをもとに作品を語る視点には、継続性という住宅の本質をひも解く上でも意味があると考えられる。幼少期に過ごした場所がその人の原風景となるように、日々眺める風景が重要な意味を持つと言えるからである。

　繰り返し目に映る風景＝シーンが心の中に澱のように重なることは、住宅への愛着を育むことにもつながる。そして、そうした心象風景は、空間構成がもたらす光の情景などと結びつきやすい。

　それゆえ、心地よい、美しいと感じ、情景として心に刻まれるシーンが住宅の中にどれだけ存在するかが、住宅の豊かさを決定づける大きな要因であると言っても過言ではない。ならば、そうしたシーンが数多く設けられた名作住宅は、豊かさに満ちあふれていると言えるであろう。

　名作住宅で生み出された美しいシーンの存在は、日々の暮らしの中でポジティブな記憶を紡ぐことに結びついていたに違いない。豊かな人生には、暮らしの印象的なシーンが寄り添っている。そこには、機能を超えた普遍的なものが隠れているのではないだろうか。

　本書では、そうしたシーンの重要性を踏まえながら、「外構」「玄関・廊下」「内部空間」「中

庭・坪庭」「窓・建具」「暖炉」「造作家具」「置き家具・照明」の八つのカテゴリー別に着目すべき事例を紹介している。これらのカテゴリーに示した諸要素は、心に残るシーンをつくり出す上で大きな役割を果たす建築要素と位置づけられる。

本書で学んでほしいこと

　設備が充実し、性能も向上した近年の住宅は、50年前の住宅に比べると格段に住みやすくはなった。しかし、その一方で、豊かで美しいと感じられる住宅が増えているとは言い難い。そうした意味からも、名作住宅に見られる空間の豊かさに学ぶべき点は多いであろう。

　多くの人が豊かで美しいと感じる名作住宅では、普遍性につながる空間演出がなされ、それらが心象風景へと結びついていくシーンが生み出されている。対して、単なる箱の集積でしかない住宅からは、そのようなシーンは生まれにくいものである。本書で紹介する名作住宅のシーンとその空間演出の手法を通して、住宅に普遍性をもたらす手がかりを学んでほしい。

　そして、建築家が苦心して生み出してきたシーンや空間の素晴らしさは、身をもって体験してみないとわからない。名作住宅と謳われる住宅には、多くの人を感動させる空間体験が待っている。この書籍を手に、ぜひとも名作住宅を訪れ、その素晴らしさを体感してもらえれば幸いである。

主な調査日時
聴竹居：2017年12月18日
井上邸（高崎市美術館内）：2016年10月17日
足立別邸：2017年8月22日
四君子苑：2018年4月26日
猪股邸：2022年3月2日
飯箸邸：2016年10月14日
前川國男自邸（江戸東京たてもの園内）：2017年2月6日
園田邸：2016年7月1日
脇田邸：2016年10月16日
平野邸：2020年1月13日
私の家：2017年8月19日
保土ヶ谷の家：2017年8月20日

実測調査参加学生
伊藤公、入尾雄斗、大石祐輔、小山源輝、清水史子、高森寛太、田部堅大、田中愛子、田中優平、中島寛子、西村彩花、新原奏斗、橋本陸、平田善己、築瀬晃希（以上、当時、九州産業大学工学部住居・インテリア設計学科学生）

登場する建築家と住宅作品

本書で取り上げる 8 名の建築家の略歴、および 12 の住宅作品の概要を平面図ととも
に紹介する。以降の章では、各住宅内で注目した諸要素を挙げていくが、本章に掲載し
ている平面図を適宜参照していただきたい。該当の要素が住宅全体のどの位置に、どの
ように配されているのかを確認しながら読み進めば、住宅の構成などについて、より理
解を深めることができるであろう。

藤井厚二 (1888-1938)

1888 年、広島県生まれ。東京帝国大学工科大学建築学科を卒業後、竹中工務店に入社。1919 年から 1920 年にかけて、スペイン風邪が大流行していた欧米を視察。帰国後、1920 年に創設された京都帝国大学工学部建築学科に招かれ 1926 年に教授に就任。1917 年の「第一回住宅」を筆頭に、1928 年の「聴竹居」まで計 5 戸の自邸を建てた。1923 年に関東大震災が発生すると、その惨状に大きな衝撃を受け、「日本の気候風土に合った建築」を強く意識するようになり、震災から 5 年後の 1928 年、環境工学の最初期の理論書とも言える『日本の住宅』を出版した。

聴竹居 (1928 年)

「其の国の建築を代表するものは住宅建築である」と語り、「日本人の理想の住宅」を追い求めた藤井が辿り着いた到達点に位置づけられる自邸。設計にあたって六つの条件を設定し、日本住宅のテーマを見据えた上で「日本人の理想の住宅」を形にした。その諸条件をもとに、プライバシーを確保しつつも家族 8 人がゆとりを持って暮らせる住まい、和と洋の生活様式がバランスよく共存した住まい、夏も快適に過ごせる住まいが実現されている。

アントニン・レーモンド (1888-1976)

1888 年、オーストリア=ハンガリー帝国 (現在のチェコ共和国) 生まれ。1919 年、帝国ホテルの建設を依頼されたフランク・ロイド・ライトの助手として来日し、1923 にレーモンド建築設計事務所を構える。その後 40 年以上にわたり日本に滞在し、数々の建築作品を残した。1973 年に 85 歳でアメリカに帰国。1976 年に 88 歳で他界。日本のモダニズム建築において多大な影響と功績を残し、前川國男や吉村順三らが師事した。日本の気候風土が育んだ日本家屋の価値を理解しつつ、欧米様式を取り入れたモダニズム建築を生み出し、レーモンド・スタイルと呼ばれる独自のスタイルに昇華させている。

代表的な建築作品としては、東京女子大学礼拝堂 (1934 年)、国際基督教大学図書館 (1960 年)、群馬音楽センター (1961 年)、新発田カソリック教会 (1965 年)、南山大学総合計画 (1964 年) などのほか、レーモンド自邸 (1951 年)、井上邸 (1952 年、原設計)、足立別邸 (1966 年) などの住宅がある。

井上邸 (1952 年)

1952 年、高崎市に建てられた実業家・井上房一郎の自邸。戦前からレーモンドと親交が深かった井上が、火事で焼失した自宅を再建するにあたり、レーモンド自邸を訪れた際に感銘を受けたことをきっかけに、レーモンドの協力を得て実測調査を行い、レー

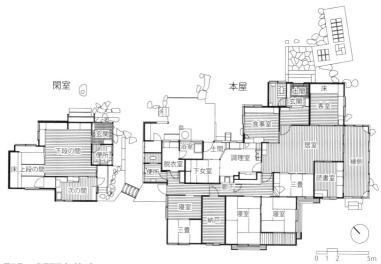

閑室　　　　　　　　　本屋

玄関

下段の間

床　上段の間

次の間

玄関

便所

脱衣室

浴室

土間

調理室

下女室

便所

廊下

寝室

三畳

納戸

寝室

寝室

食事室

居室

客室

土間

玄関

床

縁側

三畳

読書室

聴竹居　1階平面図 [01] [05]

0 1 2　　5m

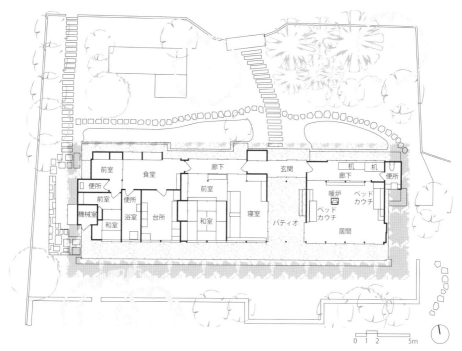

前室

便所

前室

機械室

和室

食堂

便所

浴室

台所

廊下

前室

和室

寝室

玄関

パティオ

暖炉

ベッド
カウチ

ベッド
カウチ

居間

机　机

廊下

便所

ベッド
カウチ

井上邸　配置図兼1階平面図 [12]

0 1 2　　5m

モンド自邸を原設計として設計・建設された。

　柱心ではなく柱の外側に外壁を配置する手法や、柱と登り梁を二つ割りの丸太で挟んで鋏のように組み上げた鋏状トラスなどの特徴が踏襲されているため、解体されたレーモンド自邸に代わり、レーモンド・スタイルを伝える貴重な作品となっている。

足立別邸 (1966 年)

　1966 年、弁護士のジェームス・足立のために軽井沢に建てられた別荘。すべての居室から庭のもみの大木が見えるよう扇形プランに設計された住宅は、「もみの木の家」とも呼ばれる。全居室には庭に面して連続する縁側が付けられ、全面にガラスの框戸が設置されている。室内に景色を取り込みつつ、どこからでも縁側に出ることができるデザインに、もみの大木を含めた敷地周辺の自然環境とともにある住環境をつくろうとするレーモンドの意図がうかがえる。

　一方、内部では、むき出しの丸太を用いた梁、柱心からずらして設置された外壁や建具などにレーモンド・スタイルの特徴を見ることができる。台所や浴室などのサービス空間は廊下の北側に配置され、明確にゾーニングされている。

吉田五十八 (1894-1974)

　1894 年、東京都生まれ。1915 年、東京美術学校 (現・東京藝術大学) に入学。1923 年、吉田建築事務所を開設。1941 年に東京美術学校講師、1946 年に同校教授、1963 年に皇居新宮殿の造営顧問に就任。1964 年、文化勲章を受章。1974 年に 79 歳で他界した。

　代表的な建築作品として、小林古径邸 (1934 年)、加藤邸 (1940 年)、吉田五十八自邸 (1944 年)、四君子苑 (1963 年)、猪股邸・勁松庵 (1967 年) などの住宅のほか、東京歌舞伎座 (1950 年)、五島美術館 (1960 年)、大和文華館 (1960 年) などの数々の大規模な文化施設を設計した。

四君子苑 (1944 年／ 1963 年)

　戦時中の 1944 年、京都市上京区の鴨川西岸に建てられた実業家・北村謹次郎の旧邸宅。当初、京都数寄屋建築の名棟梁である北村捨次郎 (1894-1945) により建てられたが、戦後進駐軍により接収され改造された後、母屋部分の建て替えにあたり北村謹次郎が吉田五十八に設計を依頼し、1963 年に近代数寄屋建築の母屋が完成した。苑内東部の離れには北村捨次郎による茶室「珍散蓮」があり、母屋との間に広がる庭園は作庭家の佐野越守によって現在の姿に改修された。

　すなわち、「四君子苑」＝旧北村邸は、北村捨次郎と吉田五十八の両者の建築を総称したもので、「表門」「玄関・寄付」「渡廊下・外腰掛」「離れ茶席」が 1944 年の北村捨次

足立別邸　1 階平面図 [08][11]

0 1 2　　　5m

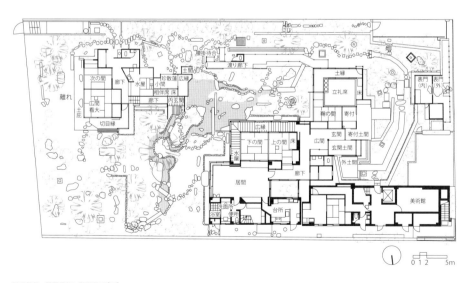

四君子苑　配置図兼 1 階平面図 [15]

0 1 2　　5m

郎の建築であり、1963年建て替えの「母屋」が吉田五十八の建築である。

猪股邸 (1967年)

1967年、労務行政研究所の理事長を務めていた猪股猛の自宅として東京都世田谷区成城に建てられた吉田晩年の代表作。560坪に及ぶ庭園内に建つ、主屋と二つの茶室からなる100坪を超える木造平屋建ての邸宅である。

日本式庭園を持つ数寄屋建築であるが、茶室以外に和室は一室のみで、現実的な暮らしに寄り添った実用性のある造りとなっている。建具をすべて引き込み戸とし、庭園に面して大開口窓を設けるなど、吉田の近代数寄屋の真骨頂とも言えるデザインが随所に施されている。1982年に増築された書斎は吉田の弟子にあたる野村加根夫 (1935-2006) の設計によるもので、吉田の思想を受け継ぎ、全体としての完成度が保たれている。

坂倉準三 (1901-1969)

1901年、岐阜県生まれ。1927年、東京帝国大学文学部美学美術史学科卒業後、1929年に渡仏し、パリ工業大学を経てル・コルビュジエのアトリエにてスタッフとなる。1936年に帰国するも、パリ万国博覧会日本館の設計監理のため再渡仏し、建築部門のグランプリを受賞する。1940年、坂倉準三建築研究所を設立。1969年に68歳で他界した。

代表的な建築作品として、神奈川県立近代美術館 (1951年)、東京日仏学院 (1951年)、国際文化会館 (1955年) などのほか、飯箸邸 (現・ドメイヌ・ドゥ・ミクニ、1941年)、加納久朗邸 (1950年)、岡本太郎邸 (現・岡本太郎記念館、1953年) などの住宅がある。

飯箸邸 (1941年)

事務所を設立した翌年にあたる1941年、世田谷に建てられた美術史家・団伊能の住宅。戦時下で規模や材料が制限されるなか、長方形平面を持つボリュームの上に切妻屋根が架かるシンプルな構成のもと、白い外壁、シャープな軒先、その下にのびる水平の庇と大きな開口部、アクセントとなる暖炉の煙突といった諸要素がバランスよく配置され、緊張感のある洗練された立面が生み出された。また、延床面積も制限されていたなかで、日本民家の伝統とモダニズム精神が調和した、透明感のある空間が実現されている。

一時は解体の危機にさらされていたが、2007年に一部が軽井沢に移築され、レストランとして再生されている。

前川國男 (1905-1986)

1905年、新潟県生まれ。東京帝国大学工学部建築学科卒業直後の1928年に渡仏し、

猪股邸　配置図兼1階平面図 [18]

飯箸邸　配置図兼1階平面図 [25]

日本人初のスタッフとしてル・コルビュジエのアトリエに約 2 年間勤務する。帰国後の 1930 年、アントニン・レーモンドの設計事務所に入所。1935 年、前川國男建築設計事務所を設立。1951 年、第 8 回の CIAM（近代建築国際会議）に丹下健三や吉阪隆正とともに参加。1986 年に 81 歳で他界した。

　前川國男自邸（1942 年）、国際文化会館（1955 年）、東京文化会館（1961 年）、弘前市民会館（1964 年）、東京海上日動ビルディング本館（1974 年）、東京都美術館（1975 年）をはじめとして数多くの作品を手がけ、日本のモダニズムを牽引した。また、自身の事務所からは、丹下健三をはじめ多数の建築家を輩出している。

前川國男自邸（1942 年）

　戦時体制下の 1942 年、品川区上大崎に建てられた前川の自邸。南面の外観は、棟持柱を彷彿させる丸柱を中心として、5 寸勾配の切妻屋根と軒先に近づくほど幅広になる破風、居間の吹抜けに面した大開口窓と居間の左右に配置された小部屋の開口により、シンメトリーに構成されている。

　格子が印象的な居間の大開口窓部分では、妻面からセットバックさせることで日差しがコントロールされており、居心地の良い半屋外空間がつくられている。ピロティを模したとも考えられるこの空間を前川は「サロン」と呼び、所員や来客者を迎え、親睦を深めた。

　戦時下という状況にありながら日本的な感性とモダニズムを融合させる試みが巧みに結実された住宅であり、以降の前川の活動の原点とも位置づけられる作品とも言えよう。その後 1973 年に解体、部材が保存されていたが、1997 年に東京都小金井市の江戸東京たてもの園に移築・復元されている。2015 年、東京都指定有形文化財に指定された。

吉村順三（1908-1997）

　1908 年、東京都生まれ。東京美術学校（現・東京藝術大学）建築科を卒業後、1931 年にレーモンド建築設計事務所に入所。1941 年、吉村設計事務所を開設。1945 年に東京美術学校助教授、1962 年に東京藝術大学教授に就任。1975 年、日本芸術院賞を受賞。1997 年に 88 歳で他界した。吉村に師事した建築家は多く、その点でも現在の住宅建築に至る一つの潮流を生み出した人物であり、建築界に大きな足跡を残した。

　代表作に、園田邸（現・伊藤邸、1955 年）、軽井沢の山荘（1962 年）、脇田邸（1970 年）、浜田山の家（1965 年）、猪熊邸（1971 年）、ポカンティコヒルの家（1974 年）などの住宅作品のほか、国際文化会館（1955 年）、NCR ビル（1962 年）、愛知県立芸術大学（1965 〜 74 年）、ジャパンハウス（1971 年）、奈良国立博物館新館（1972 年）などがある。

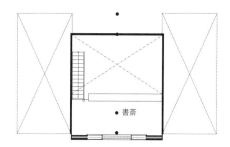

2階

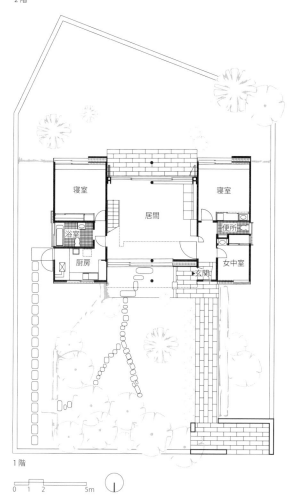

1階

0 1 2   5m

前川國男自邸　配置図兼1階平面図および2階平面図［29］［29＊］

園田邸 (1955 年)

　戦後の混乱がなお残っていた 1955 年、規模や材料が制限されるなか、簡素な素材でコンパクトにつくられたピアニスト・園田高弘の自宅。延床面積 23 坪という限られた内部空間に、グランドピアノを 2 台配置した吹抜けの音楽室がつくられている。音楽室から続く天井高が抑えられた居間には、障子のコーナー窓を背にしてソファが置かれ、対面する暖炉とともに心地よい濃密な空間が実現されている。

　1950 年代に生み出された他の小住宅と同様、種々の制限を繊細なディテールによりクリアしていく現代にも通じるような合理的な住空間が結実された作品である。

脇田邸 (1970 年)

　軽井沢の林の中に建てられた洋画家・脇田和のアトリエ兼自宅。1 階を鉄筋コンクリート造によるピロティとし、2 階に木造の居住空間が載る。東西にのびる、くの字形のプランにより、庭と一体化した住空間が実現されている。2 階の東側には庭に面して大開口を設けた居間や寝室などがあり、西側にはアトリエと書斎が配されている。2 階中央の

2 階

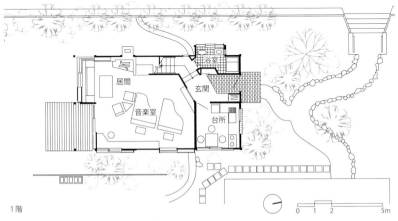

1 階

園田邸　配置図兼 1 階平面図および 2 階平面図 [32]

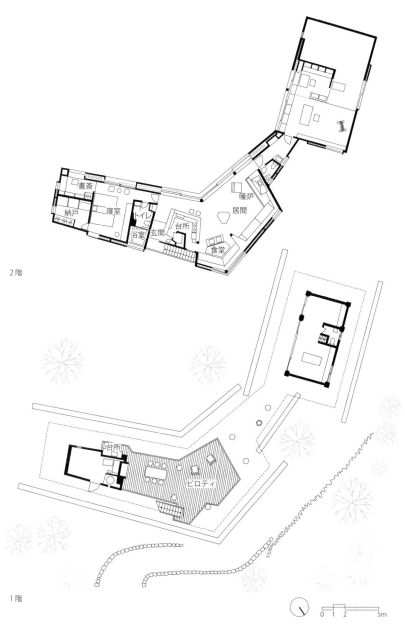

2階

1階

脇田邸　配置図兼1階平面図および2階平面図 [33]

居間・食堂・台所には、居間から食堂まで連なる造り付けのソファが中庭を望むように配されている。くの字のコーナー部分に食堂があり、中庭を見ながら調理ができる対面式キッチンと居間を適度に分節している。

西澤文隆 (1915-1986)

　1915年、滋賀県生まれ。1940年に東京帝国大学工学部建築学科を卒業後、坂倉準三建築研究所に入所。1948年より大阪支所長を務め、坂倉準三が死去した1969年に代表となる。1986年に71歳で他界した。

　日本の寺社建築や茶室・庭園の研究者でもあり、それまで未調査だった建築や庭園の実測調査を行ったことでも知られる。建築と庭を合わせた敷地全体を一体の居住空間と捉え、室内と室外の緊密な関係をつくり出すことをテーマとしたコート・ハウス論に基づく住宅作品を数多く残した。

　代表作に、上村松園邸(1947年)、室賀邸(1954年)、仁木邸(1960年)、宮本邸(1960年)、楠本邸(1961年)、喜多邸(1962年)、平野邸(1962年)、上阪邸(1968年)などがある。

平野邸 (1962年)

　「正面のない家」と名づけられた1960年代の一連の住宅では、切妻の大屋根が載る正面性を重視した住宅を生み出した1950年代に対し、コンクリートの平屋根を基本とし

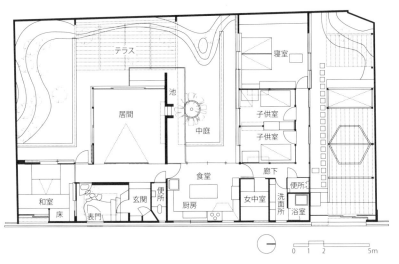

平野邸　配置図兼平面図 [35]

たシンプルなファサードを特徴とするコート・ハウスがデザインされた。その一つに数えられる平野邸でも、敷地の境界を壁で取り囲み、室内と室外の連続性を確保するように分節していく設計手法が見られ、周囲に住宅が建て込む敷地でありながらも機能的で快適な居住空間が実現されている。内部ではプライバシーに配慮した動線計画がなされており、諸室と庭が密接に関係づけられている。

清家清 (1918-2005)

　1918 年、京都府生まれ。1941 年に東京美術学校 (現・東京藝術大学)、1943 年に東京工業大学を卒業後、東京工業大学助手、助教授を経て、1962 年に教授に就任。1979 年に退官後、1986 年まで東京藝術大学の教授を務める。その後、札幌市立高等専門学校校長等を歴任した。1981 年に日本建築学会会長、1989 年には東京建築士会会長を務める。2005 年に 86 歳で他界した。

　戦後の状況下において日本の伝統とモダニズムの融合に挑戦し、当時の建築界に多大な影響を及ぼす重要な建築作品を生み出した。代表的な作品に、森博士の家(1951年)、斉藤助教授の家 (1952 年)、宮城教授の家 (1953 年)、私の家 (1954 年)、保土ヶ谷の家 (1974 年) をはじめとするの住宅のほか、九州工業大学記念講堂 (1960 年)、軽井沢プリンスホテル新館 (1982 年) などがある。

私の家 (1954 年)

　建築面積 50m^2、地下を含めた延床面積が 70m^2 という、鉄筋コンクリート造平屋の小さな自邸。室内に間仕切り壁はなく、わずか 50m^2 のワンルームにおいて、いかにして家族が快適に暮らせるか、絆を深めながら関係性を築いていけるかに挑戦し、家族 6人の生活が営まれた。床に庭と同じ鉄平石を用いることで庭との連続性を確保した居間には、2 畳サイズの移動可能な畳が設置され、茶の間や就寝スペースとして使われたり、庭に出して使用されたりもした。

保土ヶ谷の家 (1974 年)

　傾斜地に建てられた、地下が鉄筋コンクリート造、上階が木造の住宅。地形と眺望に合わせて配置された正方形平面の住宅内部には、スキップフロアを多用した複雑な空間が展開する。近景と遠景をまとめて望むことができるピクチャーウィンドウを備えた居間の吹抜けは、半階上の食堂まで続く大空間となっている。その天井には HP シェルの屋根の曲面形状がそのまま現れており、頭上を横切る大梁、スキップフロアの構成と相まって躍動感にあふれた空間が形づくられている。

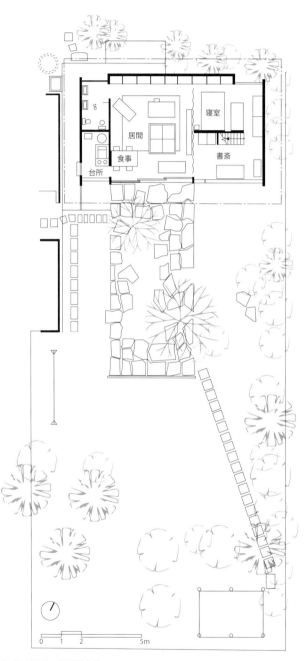

居間

寝室

食事

書斎

台所

0 1 2　　　　　5m

私の家　配置図兼1階平面図 [39]

和室

吹抜け

吹抜け

浴室

洗面所

納戸

和室

吹抜け

2階

ユーティリティ

食堂

台所

玄関ホール

居間

応接間

玄関

1階

機械室

倉庫

書斎

B階

0 1 2 5m

保土ヶ谷の家　各階平面図［38］

年表

	藤井厚二	アントニン・レーモンド	吉田五十八	坂倉準三
	1888 誕生	1888 誕生		
1890年代				
			1894 誕生	
1900 年代				1901 誕生
1910 年代		1910 渡米、キャス・ギルバート事務所入所		
	1913 東京帝国大学工科大学卒業、竹中工務店入社			
	1917 朝日新聞社大阪本社			
	1919 竹中工務店退社	1919 来日		
1920 年代	1920 京都帝国大学講師就任 1921 京都帝国大学助教授就任	1920 米国建築合資会社開設	1923 東京美術学校卒業、吉田建築事務所設立	
		1923 レーモンド建築設計事務所を名乗る		
	1926 京都帝国大学教授就任			1927 東京帝国大学卒業
	1928 聴竹居			1929 渡仏
1930 年代				
		1934 東京女子大学礼拝堂	1934 小林古径邸	
	1938 死去			
1940 年代			1940 加藤邸 1941 東京美術学校講師就任	1940 坂倉準三建築研究所設立 1941 飯箸邸
			1944 吉田五十八自邸	
			1946 東京美術学校教授就任	

前川國男	吉村順三	西澤文隆	清家清	主な出来事と作品
1905 誕生				1904-05 日露戦争
	1908 誕生			
		1915 誕生		1914-18 第一次世界大戦
			1918 誕生	
				1923 関東大震災
1928 東京帝国大学卒業、渡仏				1929-33 世界恐慌
1930 レーモンド建築設計事務所入所	1931 東京美術学校卒業、レーモンド建築設計事務所入所			
1935 前川國男建築設計事務所設立				
				1939-45 第二次世界大戦
1942 前川國男自邸	1941 吉村設計事務所設立	1940 東京帝国大学卒業、坂倉準三建築研究所入所	1941 東京美術学校卒業	
			1943 東京工業大学卒業、同大学助手就任	
	1945 東京美術学校助教授就任			1945 ポツダム宣言
		1947 上村松園邸 1948 坂倉準三建築研究所大阪支社長に就任		

	藤井厚二	アントニン・レーモンド	吉田五十八	坂倉準三	
1950年代		1951 レーモンド自邸 1952 **井上邸**	1950 東京歌舞伎座	1950 加納久朗邸 1951 神奈川県立近代美術館 　　東京日仏学院 1953 岡本太郎邸 1955 国際文化会館	
1960 年代		1960 国際基督教大学図書館 1961 群馬音楽センター 1964 南山大学総合計画 1965 新発田カソリック教会 1966 **足立別邸**	1960 五島美術館 　　大和文華館 1963 **四君子苑** 1967 **猪股邸**	 1969 死去	
1970 年代		1973 アメリカに帰国 1976 死去	1974 死去		
1980 年代					
1990 年代					
2000 年代					

前川國男	吉村順三	西澤文隆	清家清	主な出来事と作品
1951 第8回 CIAM に参加			1951 森博士の家 1952 斉藤助教授の家 1953 宮城教授の家 1954 私の家	1950 住宅金融公庫設立 1951 公営住宅法公布
1955 国際文化会館	1955 園田邸 　　国際文化会館	1954 室賀邸		1955 日本住宅公団設立 1956 浦邸（吉阪隆正）
				1958 スカイハウス（菊竹清訓） 1959 ミゼットハウス 　　（大和ハウス工業）
1961 東京文化会館 1964 弘前市民会館	1962 軽井沢の山荘 　　東京美術学校教授就任 1965 浜田山の家	1960 仁木邸、宮本邸 1961 楠本邸 1962 平野邸、喜多邸	1960 九州工業大学記念講堂 1962 東京工業大学教授就任	1964 東京オリンピック 1965-70 いざなぎ景気 1966 塔の家（東孝光） 　　白の家（篠原一男）
	1970 脇田邸 1971 猪熊邸 1972 奈良国立博物館新館 1974 ポカンティコヒルの家	1968 上阪邸 1969 坂倉建築研究所代表 　　就任		1970 パイロットハウス技術 　　考案競技
1975 東京都美術館			1974 保土ヶ谷の家	1973-74 第一次オイルショック 1976 住吉の長屋（安藤忠雄）
			1979 東京工業大学退官	
			1982 軽井沢プリンスホテル 　　新館	1984 シルバーハット 　　（伊東豊雄）
1986 死去		1986 死去		
				1990-91 湾岸戦争
				1991-93 バブル崩壊
	1997 死去			
			2005 死去	

外構

周辺の環境次第で住空間が変化することになる住宅は、建物単体だけで語ることはできない。遠くの山並みや眼下に広がる田園といった風景、はたまた周囲の建物の密集状況など、地域の周辺環境は住宅を設計する上での手がかりとなる。

　名作住宅を地域というエリアで俯瞰すると、外構によって住宅と周辺環境との関係を取り持つ境界となる空間がつくり出されていることを改めて理解できる。外構の有り様は住宅内部に影響を与えると同時に、建物の佇まいを左右する。まさに外構を含めた設計が住宅の設計であり、外構計画を疎かにはできないことに気づかされる。

　本章では、住宅を外へと拡張するアプローチ・ピロティ・縁側・パティオといった建築的な要素に着目して各事例を紹介している。なかでもアプローチに関しては複数の事例を挙げているが、視線の誘導を伴ったシークエンスが魅力的な演出となっており、住宅の質を高めることにもつながっている。

期待感を高めるアプローチ

前川國男自邸 / 前川國男 / 1942

　敷地境界部に門扉がない前川國男自邸では、大谷石による存在感のある敷石とずれながら直交する壁面が入口の領域を生み出している。突き当たりの壁に導かれながら左に回り込み、前庭へ入ると、低い植栽で緩やかに区切られながらも一体感のある開放的な庭が広がる。園路正面の建物壁面にぶつかると、今度は左から180度回り込む形で玄関に到達する。玄関ポーチには大谷石の袖壁が立ち、生活空間とを隔てているが、壁面に穿たれた開口によって住民と訪問者が適度に互いをうかがい知ることができる。

　幾何学的に構成されたプランの中で、折れ曲がりにより変化がつけられたシークエンスが来訪者の期待感を高め、生活空間とアプローチの関係性がうまくつくり出されている。

1. 入口
2. アプローチ
3. 入口から居間までの動線　配置図兼1階平面図 [29][29*][O]
4. 玄関ポーチの袖壁
5. 居間から玄関ポーチの袖壁を望む

トンネルのようなアプローチ

飯箸邸 / 坂倉準三 / 1941

　東京世田谷から軽井沢に移築され、レストランとして再生された飯箸邸。そのアプローチ空間はオリジナルとは異なるが、植栽・土・光といった自然の諸要素に包まれるなか、裏庭まで連続する豊かなシークエンスが展開する。

　楓などの繊細な葉形を持つ樹木が頭上を覆い、足元の下草や土の盛り上がりと相まって周囲を緑と土に包囲されたトンネルのような空間を、2度直角に折れ曲がりながら玄関へとアプローチする。庇がのびる玄関ポーチの階段を上がり中へ入ると、末広がりの玄関ホールから居間、そして庭へと視線が導かれ、その緑と明るさが来訪者を室内へと誘う。

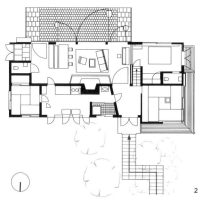

2

1. アプローチ
2. アプローチの動線　平面図 [25] [O]
3. 玄関ポーチ
4. 玄関ホールから居間・庭を望む

3

4

分岐するアプローチ

猪股邸 / 吉田五十八 / 1967

　猪股邸では、立派な外門の引き戸を開けると、正面に植栽と建物が立ちはだかり、敷石が左右に続く。右に進むと母屋、左に進むと茶室へとつながる分岐するアプローチだ。

　外門および茶室入口の門の引き戸は、その開閉により表情と性格が変化する。閉めた状態は、強く侵入を拒む表情である。一方、開けた際には人を迎え入れることになるが、潜り込むように入ることで結界を通り抜けるような感覚を覚える。茶室の門をくぐると、さらに敷石が連続し、歩行や視線が慎重にコントロールされていることで、緊張感さえ漂うようなシークエンスがつくられている。対して、右手の母屋へ向かうアプローチでは、緩やかな昇りとカーブにより視界が穏やかに展開するシークエンスがデザインされている。

1. 外門（門扉閉鎖時）
2. 外門（門扉開放時）
3. 茶室へのアプローチ（門扉閉鎖時）
4. 茶室へのアプローチ（門扉開放時）
5. 外門からのアプローチ　平面図 [18][O]
6. 母屋へのアプローチ

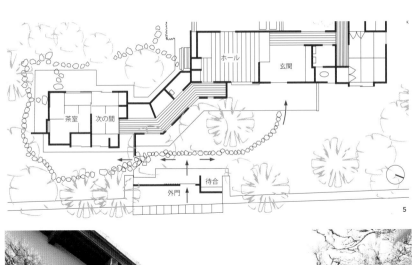

茶室　次の間　ホール　玄関

待合

外門

高台へのアプローチ

聴竹居 / 藤井厚二 / 1928

　建物へのアプローチをデザインする上では、敷地内のみならず、敷地に至るまでの地形や景観などとの関係も大切になる。

　小高い山の上に建つ聴竹居では、南に傾斜する敷地から雄大な三川合流と淀川が流れゆく景色を望むことができる。そのアプローチは、山の裾野から始まる。山裾から曲がりくねる坂道を登り、建物が見えるにつれて期待感が高まっていく。さらに、いくつかの階段を経て、張り出した建物とその先の景色を感じつつ、敷地へと到達する。そして、右手の玄関へと回り込み、建物内部に入り、水平連続窓により南に開かれた縁側 (p.144) から広大な景観を望んだとき、アプローチは完結し、敷地と建物の関係性を把握することができる。

1. 玄関手前のアプローチ階段
2. 山裾から縁側までの動線　広域配置概略図 [02][O]
3. 縁側からの眺望　断面概略図 [02][O]
4. 道路からの導入部
5. 居室から縁側越しに南方を望む（改修前）

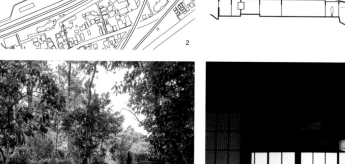

斜めからのアプローチと居間の張り出し

保土ヶ谷の家 / 清家清 / 1974

　斜め方向からの建物へのアプローチは、ドラマチックなシークエンスを生み出す常套手段の一つとして古来使われてきた手法である。

　保土ヶ谷の家では、右手の斜面に対して居間のボリュームが片持ちで張り出していること、さらにはその張り出し部分が大開口部で強調されていることが、斜め方向のアプローチを助長するとともに、そこから曲がり込んで玄関へと向かうルートとの対比を強調している。

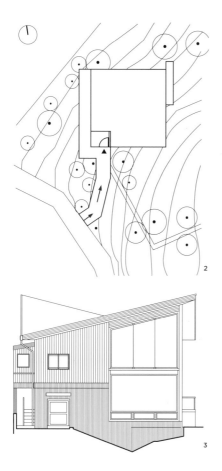

1. アプローチと傾斜地に張り出す居間
2. 配置図 [38] [O]
3. アプローチ側立面図 [38]

ピロティを介したアプローチ

脇田邸 / 吉村順三 / 1970

　明るく緑豊かな南側の中庭を囲むように、くの字型に折れ曲がったボリュームが柱によって持ち上げられた脇田邸。下のピロティ空間にはウッドデッキが張られ、庭を眺めながら半屋外で食事などを楽しめる場が設えられている。さらに建物の奥へと回り込み、控えめな木造の階段を上がって小さな玄関から屋内に入ると、2階の窓辺 (p.142) から庭を見下ろすことができる。そこから見る樹木や庭の風景は下階での見え方とは異なり、別の楽しみを与えてくれる。

　この脇田邸では、ピロティ空間を介して2階の窓辺へと続くアプローチのデザインに庭との関係性が盛り込まれ、空間体験を段階的に変化させる工夫が施されている。

1. ピロティと中庭
2. ピロティと居間　断面図 [32]
3. ピロティのウッドデッキ
4. 玄関への階段
5. 2階から中庭を望む

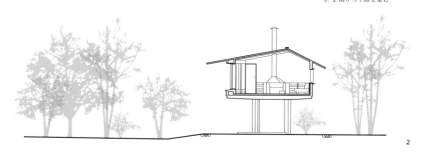

2

3

4

5

植栽により演出された外部空間

園田邸 / 吉村順三 / 1955

　園田邸の外部空間では、樹木と住宅の良好な関係を見ることができる。立面図では
その淡白なデザインに驚かされるが、実際には植栽によってその印象は一変する。建物
を隠すように複数の樹木が配置され、余分な装飾がない壁や柱がその奥に見えることで、
空間の重なりが感じられる。

　アプローチ前の階段から建物を見ると、植栽奥の玄関部分が暗目の色となっており、
妻面が対比的に白く浮き上がる姿が美しい。玄関部分が非常に小さく、種々の要素によ
り変化に富む吹抜けの音楽室 (p.96) と外部とをつなぐ簡素な空間とされているのも趣が
ある。一方、庭に目を向けると、増築部分と既存部分をつなぐようにデッキが配されてお
り、居心地の良い場所が形づくられている。

1. 西側立面図 [32]
2. アプローチ
3. 東側外観
4. 庭の植栽とデッキ

1枚の壁で構成された渡り廊下

四君子苑 / 北村捨次郎 / 1944

　四君子苑では、1枚の壁と屋根という極少の要素によって、内側の庭を区切りつつ、その反対側に渡り廊下と性質の異なる庭が巧みにつくり出されている。

　緩やかに折れ曲がる壁面には開口部や腰掛が設置され、庭と廊下が適度に結びつけられている。屋根と柱で形づくられた中間領域は、雨受けの溝と玉石で明確に境界づけられ、その外側を木々が優しく包み込む。

1. 渡り廊下
2. 渡り廊下　平面図 [15]
3. 丸太の列柱と雨受けの溝
4. 開口部と腰掛

腰掛待合

渡り廊下

腰掛

カーブする縁側

足立別邸 / アントニン・レーモンド / 1966

　斜面の下に小川が流れ、緑豊かな敷地に建つ「もみの木の家」とも呼ばれる住宅。今は枯れてしまったが、かつて斜面に1本のもみの木があり、どの部屋からもその木が見えるように扇形に設計された。

　居間・食堂・主寝室の3室が連続し、その外部には扇形のカーブに合わせて縁側が約2m張り出し、上部を軒が覆う。軒下の縁側では半屋外で様々な活動が行えるとともに、斜面の緑を楽しむことができる。

1. 縁側
2. 半屋外部から縁側・庭を望む
3. 縁側・開口部まわり　断面概略図 [08][O]
4. 居間から見た開口部と縁側
5. 軒裏

パティオとガラス屋根

井上邸 / アントニン・レーモンド / 1952

　居間とそれ以外の諸室が玄関で結ばれた構成を持つ井上邸では、玄関の奥にパティオが配されている。居間と寝室の間に設置された生活の場としての外部空間であると同時に、居間とその他の諸室を分けるパティオは、この住宅の全体構成を特徴づける重要な空間である。

　井上邸はレーモンド自邸の写しと位置づけられており、自邸にも同様のパティオが存在していた。建設当初はパーゴラ（藤棚）が設置されていたが、後に現在の網入りガラスの屋根が架けられ、雨の日でも利用することが可能になった。庭へと下がるガラス屋根の勾配は、視界を下方へと絞り込みながら視線を庭へと導く役割も果たしている。

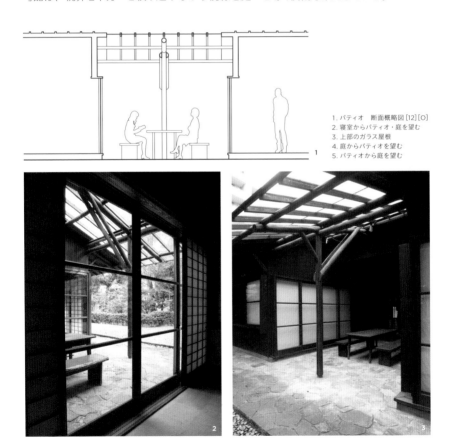

1. パティオ　断面概略図 [12] [O]
2. 寝室からパティオ・庭を望む
3. 上部のガラス屋根
4. 庭からパティオを望む
5. パティオから庭を望む

緑青の水切りによるアクセント

前川國男自邸 / 前川國男 / 1942

　前川國男の自邸では、外壁から木製の建具を迫り出すことで雨の侵入を防ぐデザインが施されている。その上部に設置された緑青の水切りは、雨による木材の劣化を防ぐものだが、同時にその色彩的な対比が外壁のアクセントにもなっている。それゆえ、細く折り下げられた水切りの寸法は、雨を切るという役割と施工可能な見地との兼ね合いをもとに決められた。

　水切りに使われている銅板は、経年変化により表面が青緑色へと変色する特徴がある。その表面に生成された錆（緑青）には内部の腐食を防ぐ効果があり、機能性に加えて、美しい色合いが生まれる意匠性にも優れた建築材料として用いられている。

1. 開口部　断面概略図［0］
2. 南側立面図［29］
3. 便所の開口部
4. 2階の開口部
5. 南側外観

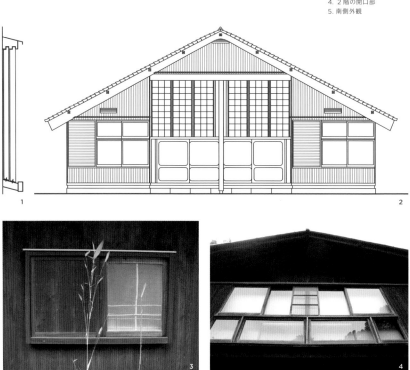

伝統・文化を感じさせる庇と張り出し

飯箸邸 / 坂倉準三 / 1941

　日本の伝統建築では、床のレベルを地面より高く持ち上げ、外を見下ろすことで庭と一体化することを意図した手法が見られる。そのような視点でこの住宅の1階の張り出した部位や庇に着目すると、素材の選定や寸法、位置の決定に際して、日本の伝統建築の意匠が参照されていることがうかがえる。こうしたデザインを通して、住宅の部位の形態や素材は、単なる機能の反映を超えて、伝統や文化を感じさせる媒体にもなりうる。

　また、内部のスキップフロアの構成をそのままファサードに現すことで、伝統建築の意匠を踏まえつつ、立面に独自のリズムが生み出されている。

1. 西側立面図 [26] [O]　　　　4. 縁側上部の庇
2. 南西側外観　　　　　　　　5. 西側外観
3. 張り出した縁側とバルコニー

外壁コーナー部の納まり

聴竹居 / 藤井厚二 / 1928
井上邸 / アントニン・レーモンド / 1952

　聴竹居と井上邸の外壁コーナー部の納まりは、一見同じように見えるが、設計上の基本的な考え方はまったく異なる。

　聴竹居では、窓枠の出隅で柱が素地のままで見える形にされており、角の柱によりL字形の窓の連続性が感じられるようなデザインが施されている。また、網戸を入れることを想定して敷居と縦枠の寸法差が小さく抑えられ、網戸を丁番で吊ることにより、コーナー部を小さく見せる工夫も見られる。

　一方、井上邸では、外壁面に窓枠を覆い被せる形で構成されており、構造体を隠しているようにも見える。また、敷居をL字形に連続させることで、内部と外部をゆるやかに区分する境界線の役割が付与されている。このコーナー部分を見た限りでは、その内側に丸柱があることは想像できないだろう。外壁面に窓枠を覆い被せるデザインにより、開口部の連続性を確保するとともに、内部空間をより広く見せる効果も実現されている。

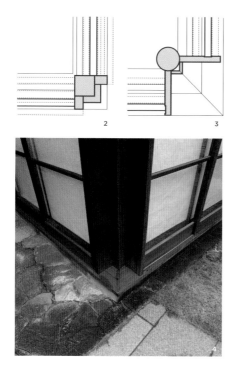

2　　　　　　　　3

1. 聴竹居　外壁コーナー部
2. 同　外壁コーナー部　平面詳細概略図 [02] [O]
3. 井上邸　外壁コーナー部　平面詳細概略図 [12] [O]
4. 同　外壁コーナー部

玄関・廊下

玄関や廊下は出入りや移動のために必要な空間であるとともに、住宅の内外や諸室同士をつなぐ結節点とも言える空間である。住宅には種々の機能や性格を有する室空間が配されるが、そのつなげ方次第で全体の構成は変化する。すなわち、室空間の配置が同じであっても、玄関や廊下を効果的に用いることで住宅の印象を変えることもできる。

　特に異質な空間同士をつなぐ場合には、両者の関係を取り持つような設計が求められ、そこに建築家それぞれの特徴が現れる。住宅の内外を結ぶ玄関は、まさに領域の境目であり、異質な空間のつなぎ目となる場である。そこでは空間の質が大きく変化することになるが、本章ではそうした内外の領域をつなげる手法として飛び石や前庭が活用された事例などを紹介している。

　一方、空間から空間へと移動するための通路である廊下では、奥行き感や視線の誘導によりシークエンスの演出を行うことができる。進んだ先にある空間を意識しつつ絶妙にデザインされた廊下は、日常の暮らしに彩りを加え、住宅のアクセントにもなりうる。

石敷の寄付土間

四君子苑 / 北村捨次郎 / 1944

　四君子苑の玄関に至る空間は、飛び石を配した内露地風につくられている。天井は小丸太垂木の化粧屋根裏とされ、入って右手には腰掛が設えてあり、左手に進むと母屋へと続く。正面には寄付と鞘の間が控え、奥の地窓からは庭の灯籠が望める。

　土間の石敷に開口部からの光が揺らぐさまには、小石を水面とし、飛び石を島とする見立てが感じられる。この玄関では、敷居を境界として質が変化するドラマチックな空間体験を味わうことができる。

1. 寄付土間
2. 寄付土間　断面概略図 [15][O]
3. 木漏れ日が落ちる敷居
4. 寄付土間から表門を望む
5. 母屋への入口

水路上の内玄関

四君子苑 / 北村捨次郎 / 1944

　水路の上に設えられた離れの内玄関では、浅い水面に飛び石が配されており、その飛び石は母屋へと続く。深い軒を支える柱には、やや湾曲した華奢な丸太が使われ、数寄屋らしい趣きが感じられる。内玄関の手前には人を招き入れるような沓脱石が配され、軒がつくり出す陰影と相まって、水路を越えて茶室「珍散蓮」に入る際には別世界に来たような感覚が生まれる。

1. 内観
2. 外観
3. 内玄関　断面概略図 [15] [O]
4. 水路上の沓脱石と飛び石

3

4

小さな前庭と玄関

平野邸 / 西澤文隆 / 1962

　東面のコンクリート打放しの外壁の中に設置されたルーバー状のドアを開けると、小さな前庭が控える。その上部にはフラットルーフの中央に穴を穿つように開口部が設けられており、切り取られた空から光が射し込む。開口部周囲の小さな軒先は、雨の日に濡れずに移動できる最低限の寸法が確保されている。

　前庭の正面には分厚い煉瓦壁が構えるが、その裏面は廊下（p.74）で、飛び石を経て勝手口から直接入ることもできる。玄関へと続く緩やかな階段は斜めに広がり、玄関内部でも斜めに収納を設置するなど、狭いスペースを有効に活用する工夫も見られる。

1. 前庭まわり　断面図 [35] [36] [O]　　5. 玄関土間
2. 前庭まわり　平面図 [35] [36] [O]　　6. 勝手口
3. 入口　　　　　　　　　　　　　　　　7. 勝手口から入口を望む
4. 玄関

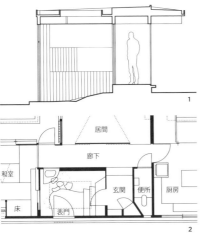

板敷の玄関ホール

猪股邸 / 吉田五十八 / 1967

　猪股邸の玄関は、ホールと土間を合わせて約 28m² の広さを有している。広々とした玄関には、格式のある武家屋敷の式台を思わせる雰囲気が漂う。正面には、奥の中庭が見える地窓から柔らかな光が射し込む。左手の板敷のホールを上がり、さらに右に折れると、居間と中庭 (p.114) が姿を現す。このように身体を回転させる行為を誘導することで視線の転換が促され、シークエンスを強く意識した設計がなされていることが実感できる。

　ホールの板敷は土間へと張り出し、板が浮いた処理が施されている。玄関框をなくしたモダンな表現と言えるが、板敷の連続性を強調するとともに、土間と板の間の対比を感じさせる意匠である。

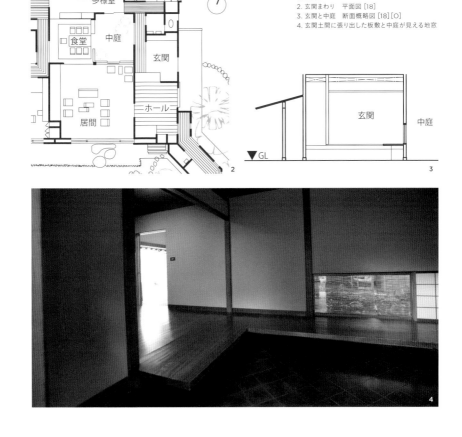

1. 玄関ホール
2. 玄関まわり　平面図 [18]
3. 玄関と中庭　断面概略図 [18] [O]
4. 玄関土間に張り出した板敷と中庭が見える地窓

多様室

食堂

中庭

玄関

居間

ホール

▼GL　玄関　中庭

茶室への渡り廊下

猪股邸 / 吉田五十八 / 1967

　猪股邸の母屋と茶室とをつなぐ渡り廊下の屋根の納まりは、吉田五十八が苦心したものである。茶室へのアプローチであるこの廊下では、東側に堅い印象、南側に柔らかい印象を与えるような異なる二つの表現が合一されている。また、折れ曲がる形状によって見通しが遮られることで先への期待感が生み出されており、そこに暗さが加わることで、日常空間から茶室という特別な空間へと移行する場が形づくられている。

　外部に目を向けると、入口の外門 (p.38) をくぐり、まず正面に見えるのがこの渡り廊下になる。そこでは、この折れ曲がった形状が、玄関から見た際に待合が広がっているように見える効果を付与しつつ、奥の茶室の様子をうかがえない仕掛けにもなっている。

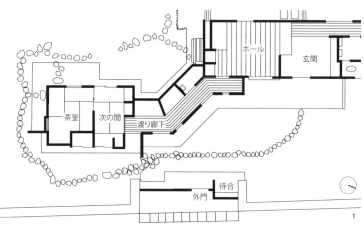

1. 渡り廊下まわり　平面図 [18]
2. 外観
3. 内観

廊下の煉瓦壁

平野邸 / 西澤文隆 / 1962

　玄関前の庭と内部の廊下を仕切る分厚い煉瓦壁 (p.68) は、廊下側でも荒々しい表情を見せる。居間の出入口に対面するこの壁は、射し込む光を受けとめ、その素材感と相まって空間にダイナミックさを付け加える。また、木と鉄筋コンクリートの混構造による住宅の中で、異質な煉瓦を纏ったこの壁面は、住宅全体を引き締めるアクセントのような役割も果たしており、重要な要素と位置づけられるだろう。

1. 廊下
2. 日が当たる煉瓦壁
3. 食堂から廊下を望む
4. 居間から廊下・勝手口を望む

内部空間

様々な機能が求められる住宅は、ややもすると機能を優先した造りになりがちである。しかしながら、本当の居心地の良さを生み出すのは機能を超えたところにあると言っても過言ではなく、内部空間のあり方が大きな鍵を握っている。

　特に家族が集まり、団欒や食事などをする部屋は、住宅の中心に位置づけられる重要な空間である。そこには、十分な面積が確保されているといった機能面だけでなく、自ずと留まり続けてしまうような空間的な仕掛けがあれば、家族の交流の機会も増えるであろう。常に居たくなるような空間をつくることが、住宅設計の要である。

　本章では、建築家独自の手法と挑戦が盛り込まれた多彩な内部空間を紹介していく。丸太によるダイナミックな架構、吹抜けとスキップフロアや段差を組み合わせた構成、内外を一体化させる床の仕上げなど、名作住宅の内部空間には暮らしを豊かにするデザインのヒントが散りばめられている。

丸太の架構と開口部

井上邸 / アントニン・レーモンド / 1952

　井上邸では、レーモンド・スタイルの特徴の一つに数えられる丸太の鋏状トラスが採用されている。注目すべきは、そのトラスが大屋根や下屋の深い軒を支えるように組まれている点である。また、トラスの上部に高窓 (p.148) が設置されており、下屋部分の軒の深さから生じる暗さの解消を目論んでいたことがうかがえる。

　柱と登り梁を挟み込む斜材には半割の丸太が使用され、断面を小ぶりにすることで軽やかさが生み出されている。さらに、丸太が用いられていることで材同士の接点が小さくなり、屋根の下地との間にクリアランスが生まれ、より軽やかな印象がもたらされている。

　半割丸太で柱を挟む納まりでは、柱間に建具を入れることが難しいが、この井上邸では、ガラス戸と障子を柱の外側に設置し、それにより開口部が皮膜のように処理されている。その結果、大きくとられた開口部が構造美をより際立たせることにつながっている。

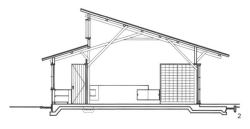

1. 障子を閉じた居間
2. 居間　断面図 [12]
3. 居間から庭を望む

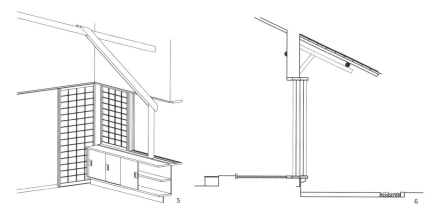

5   6

4. 丸太の柱頭部と半割丸太の斜材
5. 寝室の開口部まわり　アイソメトリック概略図 [12][O]
6. 和室の開口部まわり　断面概略図 [12][O]
7. 架構上部

8. 架構と高窓
9. 柱頭部と鴨居
10. 柱と建具
11. 柱脚部と敷居
12. 軒下

居間の架構と建具

平野邸 / 西澤文隆 / 1962

　分厚い煉瓦壁 (p.74) を背後に従えつつ、南面・西面の開口部により庭へと開かれた平野邸の居間。開口部にはガラスの掃き出し窓がはめ込まれ、内部と庭が一体となる設計が施されている。フラットルーフが載せられた梁は、背面の煉瓦壁と木の柱によって支えられながら内部から外部へと張り出し、その隙間はガラスの欄間にされている。このデザインにより内外の連続性が高められ、フラットルーフに浮遊感が付与されている。

　柱の外側には幅広の鴨居が設置され、開口部を縁取る。対して、内側にはスクリーンと照明器具が収められており、光や視線をコントロールするための設備も整えられている。

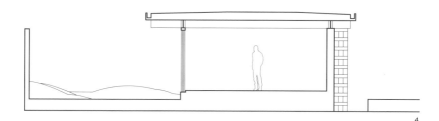

4

5

1. 居間の開口部
2. コーナー部の柱と敷居
3. コーナー部の柱と鴨居
4. 居間と庭 断面概略図 [35][36][O]
5. 張り出した梁とガラスの欄間
6. 庭からの外観

6

多様な活動を受け入れる吹抜けの居間

前川國男自邸 / 前川國男 / 1942

　吹抜けにされた前川國男自邸の居間では、外部の庭との連続性を意図して北面と南面に大きな開口部がとられている。開口部にはガラス戸に加え、障子が据え付けられており、居間での活動に応じて外部からの光や視線を調整することができる。

　一方、東面には、北面・南面の開口部とは対照的に白い壁がそびえる。壁の向こう側には台所・浴室・寝室のプライベートな諸室が収められているが、そこへ移動する際にもこの居間を経由することになる。

　さらに、居間の北側に設置された2階には、屋根裏部屋のような小さなスペースが配されている。居間の雰囲気を感じながら読書や仮眠といった個人的な活動を行うことができる場であり、居間から見上げる形で設えられた飾り棚がそこへの視線を遮る役割を果たす。また、この2階のスペースでは、下階からの通し柱とそれを受ける梁が空間を分節しており、家具を配置する際の拠り所にもなっている。

1. 居間　断面図 [29]
2. 北面開口部から居間を望む
3. 2階から居間・南面開口部を望む

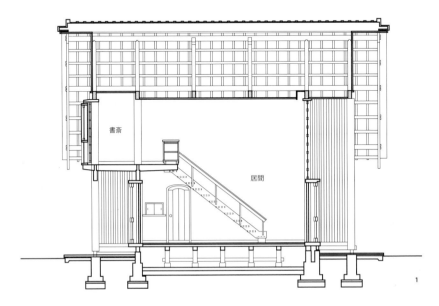

4. 2階への階段
5. 障子を閉めた2階
6. ダイニングスペースから階段・南面開口部を望む
7. 2階の飾り棚
8. 障子を開けた2階
9. 2階から居間上部の吹抜けを望む

居間北側のダイニングスペース

前川國男自邸 / 前川國男 / 1942

　前川國男の自邸では、居間の北側、2階の下の一角に食卓が置かれている。居間との仕切りは一切ないものの、天井高の違いによって空間が分節されており、落ち着いて食事をとることができる。加えて、外部へ目を向けると、妻面からセットバックさせた空間に半屋外の土間が配され、玄関前に設置された袖壁 (p.35) が来訪者の視線を遮る役目を果たしている。直射日光が入らない北面の開口部は、時間帯を問わず良好な光環境が得られ、外を眺めながらの食事には最適な場所だと言えよう。

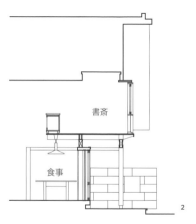

書斎

食事

1. 南面開口部から居間・ダイニングスペースを望む
2. ダイニングスペースまわり　断面概略図 [29][O]
3. 北面開口部と半屋外の土間

客間のコーナースペース

飯箸邸 / 坂倉準三 / 1941

　飯箸邸の客間は、当初、床座の茶室として使用されていたが、現在は椅子座式の設えとなっている。壁でなく柱で支持されたそのコーナー部には、L字に連なる開口部越しに外部の庭を望むことができる開放的なスペースが広がる。開口部には大判のガラス建具が設置されており、緑と光に包まれた心地よい空間を形づくるとともに、閉じたときの存在感が室内に安心感をもたらす。加えて、開口部の外周を巡る縁側が、庇の出と相まって空間に奥行きを付与している。

1. コーナー部の鴨居
2. 緑越しの外観
3. 内観
4. 縁側からの外観

多彩な仕掛けが施された音楽室

園田邸 / 吉村順三 / 1955

　園田邸の音楽室には、実際の面積以上の広がりが感じられる工夫が施されている。ピアノが置かれることを想定して設計された吹抜けの上部は勾配天井にされており、低く抑えられた居間の天井高に対して、低い部分で約 1.5 倍、高い部分で約 1.8 倍の変化がつけられている。

　一方、2 階へと続く階段は壁で囲われているが、階上では壁の上部が L 字形に欠き取られ、階段を上がりきった瞬間に音楽室を見下ろすことができるようになっている。天井が大きく視界に入る 2 階からは、その勾配に沿って自ずと下方に視線が流れていく。こうした多彩な仕掛けが、音楽室に多面性と奥行きを与え、空間に広がりをもたらしている。

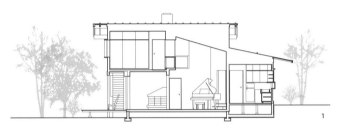

1

2

1. 音楽室・居間・2 階　断面図 [32]
2. 居間・階段側を望む
3. 欠き取られた 2 階の壁
4. 居間・2 階側を望む

窓辺のソファコーナー

園田邸 / 吉村順三 / 1955

　園田邸では、天井高が低く抑えられた居間の窓辺に、ソファコーナーが設えられている。そこでは、暖炉 (p.184)、背もたれの高さに揃えられた窓台、L 字に包囲するガラス窓 (p.140) といった諸要素がソファを取り巻き、親密で落ち着いた場所がつくり出されている。窓からの光と緑に包み込まれるソファでは、時の移ろいを感じつつ、心地よいひと時を過ごすことができる。なお、このソファは引き出して来客用のベッドにもなる。

　この窓辺のソファコーナーは、構造的な軸組から外され、主要な空間に対して付加的な箱が取り付くように扱われている。天井の仕上げを見ても、居間側では梁を見せているのに対して、ソファコーナーでは白く塗られた異なる表現にされており、これにより囲われた印象がさらに強められている。

1. 音楽室からソファコーナーを望む
2. ソファコーナーと音楽室　平面図 [32] [O]
3. ソファコーナーと音楽室　断面図 [32] [O]
4. 西面の障子を閉めたソファコーナー
5. 障子を閉め切ったソファコーナー

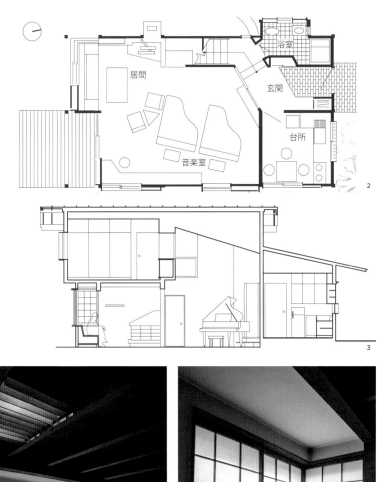

居間

浴室

玄関

台所

音楽室

2

3

4

5

庭と居間を一体化させる試み

私の家 / 清家清 / 1954

　50m² の極小のスペースで一家が暮らすことをテーマに掲げたこの住宅では、内部空間でも土足を採用している。そのため外部で用いる床材が内部にも使用されているが、そこには西欧式の居間というよりは日本の農家に見られる土間のイメージが感じられる。

　雨水対策から水返し程度の段差を設けてはいるものの、外部と内部の区分は曖昧である。内外を結ぶ開口部は、床から天井まで最大限に開放でき、庭と居間との一体化が図られている。設計者の自邸であるがゆえに実験的な作品ではあるが、機械で制御される現代の住宅とは異なる可能性を今なお示している作品とも位置づけられるだろう。

書斎

寝室

居間

食事

台所

1

2

1. 配置図兼 1 階平面図 [37]
2. 断面概略図 [37] [40] [O]
3. 庭から居間を望む

4. 書斎の窓から庭を望む
5. 移動可能な畳越しに庭を望む
6. 居間から庭を望む（開口部閉鎖時）
7. 居間から庭を望む（開口部開放時）

つながりながら区切られた居間と食堂

保土ヶ谷の家 / 清家清 / 1974

　保土ヶ谷の家では、段差をつけて居間と食堂が一つの空間に配されている。そこでは小壁と梁が両者を区切っているが、その小壁は、居間から食卓を隠しつつも人の顔は見えるような絶妙な高さに設計されている。つながりながら区切られたこの空間では、家族で別々の活動を行いながらも互いの存在や気配を感じることができる。敷地が斜面地であることを活かし、そのレベル差を平面計画に組み込んだ巧みな空間構成と言える。

　また、居間から食堂へと上がる際には、小壁で視界がいったん絞られることになるが、食堂へと足を踏み入れる際には、右手に大開口、正面に腰高窓と、小壁で部分的に隠れていた性格の異なる開口が姿を現す。シークエンスの演出においても、小壁が効果的に用いられていることがうかがえる。

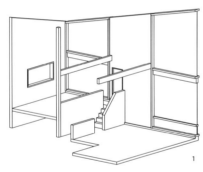

1. 居間と食堂　アイソメトリック概略図 [38][O]
2. 居間と食堂をつなぐ階段
3. 食堂
4. 居間から食堂を望む

樹木に包まれた居間

保土ヶ谷の家 / 清家清 / 1974

　斜面に建てられた保土ヶ谷の家の居間からは周囲の木々を見下ろすことができ、あたかもツリーハウスにいるかのような場所が形づくられている。他ではなかなか味わうことができないであろう景観が、この住宅を特徴づけるとともに、住民の日々の暮らしに癒しと豊かさをもたらしている。

　こうした景観をつくり出しているのが、L字に連続する大開口である。そのコーナー部分は柱と窓枠のみで構成されており、大判のガラス窓により開放感が高められている。さらには、そのはめ殺し窓の下に換気用の小窓（p.152）を設けることで風の出入口を確保するとともに、その小窓の高さを400mm程度に抑えることにより外部とのさらなる一体感が獲得されている。加えて、椅子に座ったときに天井が視界に入らないほどの高さの吹抜けにされていることも一役買っている。

1. 居間の大開口と周囲の樹木
2. 2階から居間を望む
3. 居間上部の吹抜け

中庭・坪庭

中庭や坪庭には、光や風を取り入れる機能上の役割がある。加えて、そこに配された植栽が日常に潤いを与え、内部空間に豊かさをもたらす。

　諸室と一体的に設えられた中庭・坪庭には、外部でありながら内部であるかのような親密さが感じられる。開口部の配置やデザイン次第で、同一の中庭を異なった視点で楽しむこともでき、室空間の機能や性格に応じて見せ方を調整することも可能だ。

　本章では、坪庭を効果的に配した事例のほか、室空間と庭の関係をテーマとして諸要素が設計された事例を紹介している。

庭と諸室の有機的な構成

平野邸 / 西澤文隆 / 1962

　設計者である西澤文隆は、自身の著書『コート・ハウス論』の中で、コート・ハウスの定義について「敷地全体を、庭と室内を含めて、あますことなく住居空間として企画し、屋外にも残部空間を残さない住居であり、囲われた敷地のなか、自然と人、室内と室外の親密な関係を作り出すこと。その中でも各室が外部からも、相互間でも十二分にプライヴァシーを保って快くすまえる住居」と記しているが、まさにその定義が具現化された住宅である。

　この住宅では、敷地全体をコンクリート壁で取り囲み、庭を除いた建物の上部をフラットルーフで覆うことにより、内と外の空間が構成されている。庭については、サービス用の庭、個室群のための庭、居間のための庭とそれぞれに役割が与えられ、また諸室においては、相互に視線を気にすることなく生活できるように壁と開口部が絶妙に配されている。

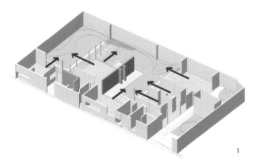

1. 庭と諸室の関係　アイソメトリック概略図 [35][O]
2. 庭へと開かれた寝室の開口部
3. 寝室から庭越しに台所・居間を望む
4. 庭から上空を望む

坪庭と開口部

猪股邸 / 吉田五十八 / 1967
四君子苑 / 吉田五十八 / 1963

　ともに吉田五十八の手により設計された猪股邸と四君子苑の母屋では、坪庭が効果的
に配置されている。居間の隣に配された猪股邸の坪庭では、周囲を取り囲む四つの壁
面に対し、接する部屋に応じてそれぞれに役割の異なる開口部が設けられている。その
扱いは四君子苑の母屋でも同様である。

1. 猪股邸　夫人室から坪庭を望む
2. 同　食堂から坪庭を望む
3. 同　居間・食堂のL字形の開口部と坪庭
4. 同　廊下の開口部と坪庭

例えば、居間や食堂では開口部は大きくとられている。また、L字に連続する開口部においては、移動とともに庭の景色が変化することで空間に奥行き感が生み出されており、坪庭を介しての視線の抜けが効果的に用いられていることがわかる。さらには、開口部の高さを変えることで、空間の連続感に変化を生むといった視線のコントロールもなされている。また、居間から廊下を介して見える坪庭も、居間の出入口に縁取りされたように見え、細部にまで行き届いた設計がなされていることが感じられる。

　一方で、坪庭には通風・採光面での役割もある。猪股邸の居間・食堂では、坪庭からの光が空間を柔らかく浮き上がらせている。その光は時間や季節により移り変わり、それに応じて坪庭の存在感も変化する。

5. 四君子苑母屋　居間の開口部と坪庭
6. 同　廊下の開口部と坪庭
7. 猪股邸　坪庭の位置　配置図兼1階平面図 [18]
8. 四君子苑母屋　坪庭の位置　配置図兼1階平面図 [15]

車庫

付属室

ユーティリティ

内玄関　厨房　　　　　女中室

貴重品
納戸　　　　　　　多様室

風呂　脱衣室　坪庭　　食堂　坪庭　玄関

和室　次の間　タンス室　夫人室

増築部分　　　　　　　　　居間　ホール

渡り廊下

7

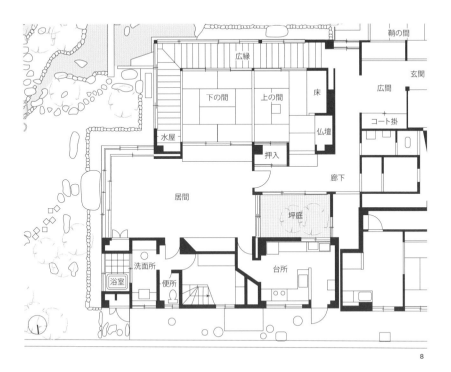

鞘の間

広縁

玄関

下の間　上の間　床　　広間

コート掛

水屋　　　　　仏壇

押入

廊下

居間

坪庭

洗面所

浴室　便所　　　　　台所

8

池上の広縁

四君子苑 / 北村捨次郎 / 1944

　四君子苑では母屋と離れとの間に池がつくられ、視覚的にも心理的にも両者を隔てている。離れにある茶室「珍散蓮」には、池に迫り出すように広縁が設えられているが、その部分は下屋として付加的な扱いとなっている。足元に目を向けると、水面から頭を出した石の上に柱が置かれる石場建てが採用されている。その軽やかさに対して、上部の垂れ壁が覆いのように被さっており、その対比が面白い。

　一方、広縁から庭を望むと、垂れ壁と障子が上部への視界を遮り、視線が水面に落ちるように設計されていることがわかる。さらには、水面が下に入り込むことで広縁の浮遊感が高められており、茶室という特別な空間を演出する上で大きな役割を果たしている。

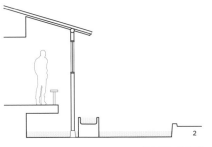

2

1. 内観
2. 広縁　断面概略図 [15][O]
3. 母屋からの外観
4. 広縁から母屋を望む

3

4

窓・建具

住宅の設計では、開口部をいかに扱い、その配置を含めどのようにデザインするかを考えることが重要となる。人が出入りするか否かなどの使われ方に加え、視線が抜けるか否かといったあり方に応じて心理的・生理的な作用も変化する。

　また、開口部からは光や風に加え、音や緑といった周辺の雰囲気も内部にもたらされる。こうした様々なものが出入りする開口部の位置や大きさによって、住宅内部での感覚は大きく変わることになる。室内に外構の緑に開かれた大開口があるか否かを想像してみたとき、同じ室面積であっても感覚的に異なる空間となることは誰しもが理解できるだろう。室空間の開放感と閉塞感は開口部に左右されるがゆえに、窓まわりや建具の納め方次第で外部へと拡張する感覚を生み出したり、逆に内外を分節して内部に親密な雰囲気をつくり出したりと、その設計ひとつで思いのままに空間を操作することが可能となる。

　本章では、内外をつなぐ開口部において、窓まわりや建具に独自のデザインを施すことで空間に調和した光を取り入れ、居心地の良さを演出する事例を中心に取り上げている。調整可能な建具によって変化する空間の様々な表情にも注目していただきたい。

内外のつながり方を調整できる4枚の大扉

飯箸邸 / 坂倉準三 / 1941

　飯箸邸の居間では、テラスとの間に4枚の大きな扉が設置され、外部と関係づけられている。それら扉の幅はすべて異なり、季節や気候、また日々の活動に合わせて開閉を組み合わせることで、内外のつながり方を調整することができる。

　最も大きい幅約2.5m×高さ約2mの扉は、3マス×3マスで割り付けられ、小窓が並んだような軽やかな雰囲気がある。また、垂れ防止のブレースを2マス×2マスの対角線上に配することで、意匠的にも美しく処理されている。この大扉を中心として3枚の扉をひと続きとし、その横に日常の出入りのための扉を並置する全体構成により、状況に応じて使い分けができる機能性とデザインの美しさが両立されている。

1. テラスと大扉
2. 最大の扉　姿図 [25]
3. 扉まわり　平面図 [25]
4. 居間から扉越しに庭を望む

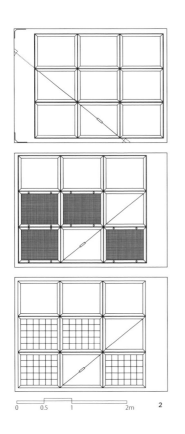

0　　0.5　　1　　　　2m　　**2**

3

4

視線を庭へと誘導する開口部

猪股邸 / 吉田五十八 / 1967

　建具をすべて引き込むタイプの開口部では、全開すれば建具の存在がなくなり、内外の連続性を強固にすることができる。一方で、壁との取り合いが難しく、建具の枚数が多くなるほど収納部分の厚みが増すため、戸袋などの収納方法をあらかじめ十分に検討しておく必要がある。

　この猪股邸の居間では、3間分の開口に対して、通常であれば6枚の障子を入れるところを幅広の4枚の障子にすることにより、戸袋の厚みを削減している。また、そこにガラス戸4枚を組み合わせることで、内外のつながりにバリエーションを生んでいる。

　その上部では、垂れ壁により生じる陰影が開口部の明るさをより際立たせ、外部の庭を鮮やかに切り取っている。同時に、この垂れ壁があることで視線が下方へと導かれ、自然に庭へと向かうことになる。日本の伝統的な空間では、空を見せずに視線を下に誘導する手法が見られるが、その手法が巧みに取り入れられた開口部と言えよう。

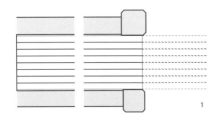

1. 居間の開口部　平面詳細概略図 [O]
2. 居間から開口部越しに庭を望む
3. 戸袋に収納された建具

柱が除かれた居間コーナー部の大開口

四君子苑 / 吉田五十八 / 1963

　　四君子苑の母屋の居間では、コーナー部分に本来あるべき柱がなく、上部にアルミ製の簾が巡るダイナミックでモダンな開口部が目を引く。斬新さが感じられるこの開口部は、木割りの考え方から脱却し、新たな数寄屋の形を模索した吉田五十八の成果の一つと言える。

　　木製が主流だったガラス戸にはアルミサッシを採用し、3 m 近い高さの開口部が実現されている。さらには、先述の簾に加えて、敷居のレールもアルミ材で構成されており、周囲の自然素材ともうまく融合されている。レールの端部は折り曲げられ、ガラス戸の脱線を防ぐストッパーの役割を果たす。

　　ガラス戸と障子の敷居は近接させずに 240 mm 離されており、それにより内部と外部とのつながりにグラデーションが生み出されている。一見和紙のように見える障子は、乳白色のアクリルパネルに桟木を付けたもので、ここでも新たな素材への挑戦が見てとれる。

1. 庭から開口コーナー部を望む
2. アルミサッシと障子
3. コーナー部の敷居
4. 開口部　断面概略図 [15][O]

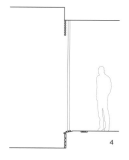

一方、コーナー部分から柱が取り除かれ、その上部に庇がのびる外観には、重力から解放されたかのような軽やかさが感じられる。また、奥へと雁行していく姿には、性質が異なる居間と和室 (p.130) が並んでいるとは思えないのびやかさもうかがえる。ここでも、柱のないコーナー部が、空間に開放感をもたらしていることが確認できる。

5. 居間から開口部を望む
6. アルミ製の廉
7. アクリルパネルの障子

新旧が融合する下の間・上の間

四君子苑 / 吉田五十八 / 1963

　母屋の居間の床面に対して170mm上げられた下の間と上の間には、伝統的な和室の趣きを残しつつ、最小限の柱で支えられたオープンな空間が広がる。畳と庭の間に設えられた広縁に置かれたテーブルと椅子にも、和風の近代化への試みが垣間見える。内外をつなぐ中間領域である広縁の天井には、池の水面のゆらめく反射光が映り込む。

　アクリルパネルを採用した居間の障子（p.129）と違い、下の間と上の間の障子では一般的な和紙が使用されている。鴨居・長押・欄間といった諸要素が省かれ、装飾の目地がバランスよく配された天井には、軽やかさが感じられる。

　外部に面する開口部には、居間と同様、アルミを用いたガラス戸と簾が巡り、広縁からは緑豊かな庭のパノラマを望むことができる。また、アルミサッシと障子の幅を不揃いにしたディテールには、伝統にとらわれない設計者の姿勢がうかがえる。

　こうした様々な手法が試みられた下の間・上の間には、日本の伝統を新たな形で残していこうとした吉田五十八の一つの完成形が見てとれるだろう。

1. 下の間から広縁を望む
2. 広縁コーナー部の開口

コーナー部が開放された縁側

聴竹居 / 藤井厚二 / 1928

　聴竹居の南側に位置する縁側はサンルームとしての役割も与えられており、夏には強い日差しを遮り、冬は熱を取り込む。この縁側では、コーナー部にあるべき柱が取り除かれ、はめ殺しのガラスを直角に突き合わせた開口部を見ることができる。床から 600 ～ 1700 mm の範囲にはめ込まれたガラスは、縁側を取り囲む三つの面を巡り (p.144)、コーナー部が開放されていることで外部の景色がダイナミックに取り入れられている。

　コーナー部を開放するためにいくつかの工夫がなされており、構造面に着目すると方立が柱となっている。さらに、屋根を軽くするために、勾配を緩くすることができる銅板が用いられている。インテリアに目を向けると、角に設けられた四分の一円のコーナー棚が日々の暮らしに彩を与えると同時に、コーナーを補強する火打材としての役割も果たしており、構造とテーブルとしての機能を一致させたデザインが見事である。

1. 縁側コーナー部　透視図および詳細概略図 [02] [O]
2. 縁側コーナー部の窓と四分の一円のコーナー棚

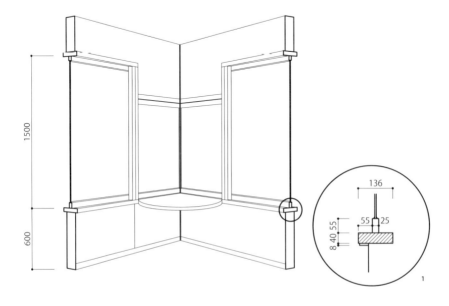

柱心からずらされた建具

足立別邸 / アントニン・レーモンド / 1966

　どの部屋からも庭のもみの木が正面から見えるよう扇形平面に設計された足立別邸。居間・食堂・寝室の開口部には約1間（1.8m）幅の建具がはめ込まれ、外部の縁側（p.50）が諸室をつなぐ。建具が柱の心からずらされた納まりにレーモンド特有のスタイルがうかがえ、それにより外部からは開口部が連続しているように見える効果が生み出されている。

　内部では、障子越しの穏やかな光が丸柱を照らし、障子の繊細さと丸太の大胆さとの対比を強調しつつ、空間全体を柔らかく包み込む。存在感のある柱がコーナー部分を支えていることで安定感が感じられる一方、障子を閉めることによりその柱を隠すことができる仕掛けも施されている。

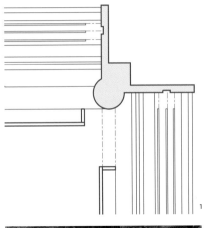

1. 居間コーナー部の柱と敷居　平面詳細図［O］
2. 居間コーナー部の柱と敷居
3. 柱心からずらされた建具と敷居
4. 居間コーナー部の開口

庭へと開放された書斎コーナー部の開口

猪股邸増築部 / 野村加根夫 / 1982

　猪股邸の西側に増築された書斎は、吉田五十八の弟子である野村加根夫により設計された。庭に向けてL字に張り出した開口部からは、緑あふれる景色を望むことができる。床から開口部下端までの高さは約400mmで、腰をかけるのに最適な寸法とされているとともに、テーブルを床下に格納できる掘りごたつからの視線も考慮した高さが採用されている。開口部周辺の柱は大壁造りにより壁面で覆い隠され、室内には無駄な線が消されたシンプルな空間が広がる。

　一方、外部に目を向けると、雨戸・網戸・ガラス戸・障子のすべての建具が壁の中に収まる形にデザインされており、それにより開放的な開口部が実現されていることが確認できる。

1. 外観
2-3. 内観
4. コーナー部の柱と敷居　平面詳細概略図 [O]
5. コーナー部の柱と敷居

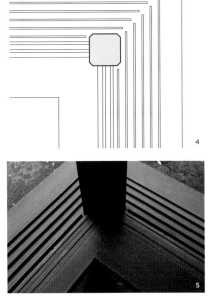

居間を見下ろす開口

飯箸邸 / 坂倉準三 / 1941

　飯箸邸の居間の西面上部には、一見不思議な開口が設えられている。これは中2階にある寝室との間に設置された開口である。木製の枠でしっかりと縁取られた開口は、日常の風景を絵画のように切り取り、それにより日常の風景が絵画的な記憶として刻み込まれることとなる。

　高さの違う居間と寝室を緩やかにつなぐ開口ながら、その高さの違いゆえに開口越しの見え方は大きく異なる。居間を見下ろす寝室からは、全景を一望することができる。対して、開口を見上げる形になる居間からは、腰壁が視線を遮り、見えるのは寝室の天井のみで、それによりプライバシーが守られている。

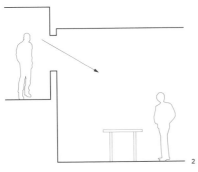

2

1. 寝室から見た開口
2. 居間と寝室間の開口部　断面概略図 [25][O]
3. 居間から見た開口

3

空間に浮遊感をもたらす居間の開口部

園田邸 / 吉村順三 / 1955

　吹抜けにされた園田邸の音楽室の南側、天井が低く抑えられた居間の一角に座ってくつろげる場所 (p.98) が設えられている。その開口部では、コーナー部分の柱が少し南にずらされており、中空に浮かぶようにL字に設置された敷居が空間に浮遊感をもたらしている。

　はめ込まれた建具は壁の中に収めることができ、全開時には開放的な空間が広がる。対して、建具を閉めた際には、外部の柱の存在感を消すことができる。その敷居と窓枠の高さは、椅子に座ったときの目線の高さをもとに決められており、そこにも空間全体を一体的にデザインしようした吉村の意図が垣間見える。

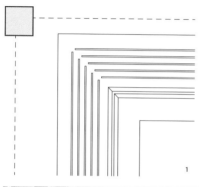

1. コーナー部の柱と敷居　平面詳細概略図 [O]
2. コーナー部のガラス戸と障子
3. 外観
4. 内観

居心地の良さがデザインされた窓辺

脇田邸 / 吉村順三 / 1970

　ピロティによって生活空間が2階に配された脇田邸。1階からのびる屋外階段を上がり、2階の玄関扉を開けると、中庭の景色が広がる大開口が来訪者を迎え入れる。くの字に折れ曲がった居間の開口部には、雨戸・網戸・ガラス戸・障子が据え付けられ、すべてを引き込むことができる造りになっている。開口部の下端には、床から240mmの高さに窓台が巡り、窓辺に腰かけながら中庭の景色を楽しむこともできる。一方、天井を見上げると、中央付近から窓辺に向かって次第に低くされていることで、洞窟の中から外を眺めているような雰囲気も生み出されている。

　加えて、この住宅では、コールドドラフトを解消するために床下送風方式の床暖房が採用されており、開口部の鴨居に設置されたスリットから吸い込まれた空気を床下で温め、食堂側から吹き出す仕組みが施されている。思わず座りたくなる窓辺の居心地の良さは、こうした空調システムにも支えられていると言えよう。

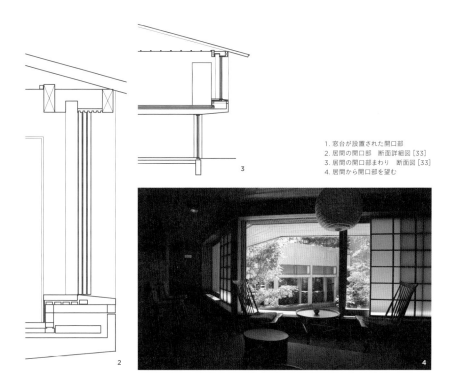

1. 窓台が設置された開口部
2. 居間の開口部　断面詳細図 [33]
3. 居間の開口部まわり　断面図 [33]
4. 居間から開口部を望む

縁側の水平連続窓と換気用小窓

聴竹居 / 藤井厚二 / 1928

　聴竹居の縁側には、西面にガラスの引き戸が設置されており、ここから来客を迎えることもあったという。その引き戸の仕様は、隣接するコーナー部のはめ殺し窓、さらにはそれに続く引き違い窓に揃える形で、床から 600 〜 1700mm の範囲を透明ガラス、その上下を磨りガラスとしており、水平方向の開口部の連続性が損なわれないデザインが施されている。

　異なる 3 種の開口部に取り囲まれた縁側では、こうして聴竹居の顔とも言える水平連続窓が実現された。その水平性は、外部の柱が取り除かれていることにより一層強調されている。なお、その開口部の足元には格子付きの換気用の小窓も設けられており、夏場には庭で冷やされた空気を室内に取り込むことができる。これらの多様な窓で構成された縁側では、環境配慮の技術とデザインが絶妙に組み合わされた合理的な空間が形づくられている。

1. 西側外観
2. 西側内観

3. 南側立面図［O2］
4. 南面開口部（換気用小窓閉鎖時）
5. 南面開口部（換気用小窓開放時）
6. 東側コーナー部（改修前）

3

4

5

障子が取り付けられた居間の高窓

井上邸 / アントニン・レーモンド / 1952

　井上邸の居間の北面では、障子が取り付けられた高窓から柔らかな光が入り、鋏状トラスによって支えられた大空間を優しく照らす。高窓から障子越しに光を取り込むこの手法は、レーモンドが好んで使った採光方法であり、彼の作品を特徴づける設えの一つに数えられる。

　建具が柱心からずらされた南側の開口部に対して、こちらの障子は柱心に合わせて設置されており、その扱いには違いが見られる。直射日光が入ることの少ない北側の高窓からは、1日を通して安定した採光が得られる。古民家を思わせる丸太の小屋組 (p.78) は、ややもすると暗く重い印象を与えかねないが、高窓からの光がそれを和らげ、空間を明るく軽やかにしている。

1. 暖炉越しに見た高窓
2. 北側内観
3. 高窓と丸太の小屋組

風と緑を取り込む居間の換気窓

保土ヶ谷の家 / 清家清 / 1974

　傾斜地に張り出す保土ヶ谷の家の居間では、はめ殺しの窓の下に斜面を吹き上げる風を取り入れるための換気窓が設置されている。外部にルーバーを備えた開口部には、内倒しの扉が付けられ、強風時にも対応できる工夫も施されている。自然換気の観点から見れば、床面付近から風を取り込む手法は理に適っているとも言えるだろう。

　一方、この窓からは、風とともにクヌギ林の緑もルーバー越しに入ってくる。その点では、外部と内部をゆるやかにつなぐ設えとしても機能している。

1. 居間の換気窓　詳細概略図 [O]
2. 内観（扉開放時）
3. 内観（扉閉鎖時）
4. 外観

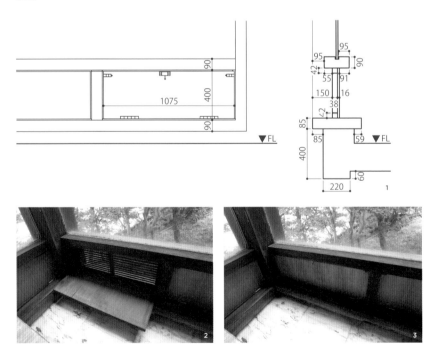

光のグラデーションを生み出す雪見障子と欄間

四君子苑 / 北村捨次郎 / 1944

　四君子苑の離れの広間と次の間では、下半分にガラスがはめられた雪見障子が採用されている。下半分の障子を上に引き上げることができるこの建具は、その開閉の度合いを調整することで、用途や気分に応じて場の印象を変えることができる。

　さらに、その上部の欄間にも障子がはめ込まれており、ここからも柔らかな光が射し込む。欄間と雪見障子で取り囲まれた室内では、時とともに変化する光のグラデーションを楽しむことができる。

　一転、夏になると、障子と襖は御簾に取り替えられ、光と風が通り抜ける心地良い透けた空間に様変わりする。

1. 次の間から広間を望む
　（雪見障子閉鎖時）
2. 広間から庭を望む
　（雪見障子開放時）
3. 広間から庭を望む
　（障子開放時）
4. 広間から庭・次の間を望む
　（障子開放時）
5. 次の間から広間を望む
　（御簾設置時）

質の異なる光を取り入れる和室の窓

猪股邸 / 吉田五十八 / 1967

　猪股邸の和室では、北面の地窓と南面の平書院の書院窓から異なる手法で光が取り込まれている。小さな地窓からは光を直に入れてはいるものの、北側からの拡散光であるためそれほど強い光ではない。対して、平書院は直接光が入る廊下に面しており、廊下の反射光が障子越しに入る。こうした質の異なる二つの光によって床の間の美しさが演出されている

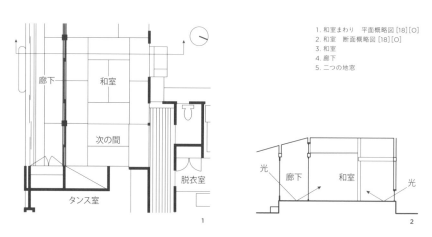

1. 和室まわり　平面概略図 [18][O]
2. 和室　断面概略図 [18][O]
3. 和室
4. 廊下
5. 二つの地窓

さらに、地窓に着目すると、障子がはめられた窓と格子が取り付けられた窓の二つが並置されている。前者の障子付きの地窓は、内部に照明器具が組み込まれており、夜間に床の間を照らす役割を果たす。他方、縦格子の地窓からは外部の光と風が取り込まれ、畳に映る縦格子の影が時の移ろいを感じさせる。この二つの地窓では、面的な障子と線的な格子の意匠上の対比も面白い。

暗がりに浮かぶ閑室の地窓

聴竹居 / 藤井厚二 / 1928

　聴竹居の北側、家族と暮らす本屋から別棟で建てられた閑室^(かんしつ)は、藤井厚二の私的な空間で、一人で瞑想する際や親しい友人と時を過ごす際に使われていたという。

　閑室の上段の間では、小さな地窓が効果的に用いられており、暗がりの中で畳をおぼろげに照らし出す。その限定的な光の取り入れ方が、光と影のコントラストを一層際立たせ、床面の存在を強調している。それに伴い、視線は床へと導かれ、結果的に空間の重心を下げることにつながっている。開口部には、長方形の上部の二つの角を面取りしたようなシルエットが浮かび上がり、障子越しに揺らぐ外部の植物の陰影も美しい。この地窓の障子を開けると石と庭があり、その先に山並みを望むことができる。

1. 上段の間の地窓
2. 上段の間

1

多彩なスリット窓

平野邸 / 西澤文隆 / 1962

　平野邸の東側には、前面道路に沿ってコンクリート打放しの外壁が立つ。その壁面には、目地や凹凸によって多彩な表情がつけられるとともに、多様な窓が組み込まれている。その外観からはそれぞれの窓が自由奔放に設けられているようにも見えるが、実際は内部空間との関係性に基づいて綿密に配置されている。

　住宅を覆うフラットルーフの下には水平スリットの窓が巡り、外壁部分に限らず諸室の庭側でもフラットルーフを浮いたように見せる効果を付与しつつ、全体の印象を統一している。それ以外にも、キッチンカウンター上部の横長窓や寝室足元の地窓など、水平・垂直のスリット窓を諸室で見ることができる。これらのスリット窓とそこから入射する光は、窓の幾何学的な形状を際立たせると同時に、明暗の強い対比を生み出すことで空間を分割する役割も果たしている。

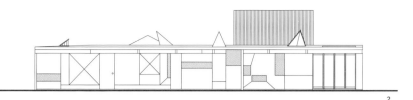

2

3

1. キッチンのスリット窓・横長窓
2. 東側立面図［35］［36］［O］
3. 居間上部のスリット窓
4. 女中室の多様な窓

4

5-6. 和室上部のスリット窓
7-9. 東側壁面の多様な窓
10. 東側のコンクリート外壁

屋根に突き出た四つの天窓

平野邸 / 西澤文隆 / 1962

　平野邸のフラットルーフには、大きさや形の異なる四つの天窓があり、内部空間の機能に応じて効果的に光が取り込まれている。

　居間とキッチンの上部では大小の三角形が斜めに立ち上げられ、隙間のガラス窓から光が落ちる。一方、寝室には小さなくちばし状の天窓がつくとともに、屋根裏空間を内包する大きな切妻屋根も突出している。周囲から屋根を見下ろすと、平坦なフラットルーフの中に飛び出す四つの天窓が外観上のアクセントにもなっており、景観に彩りを与えている様子を確認できる。

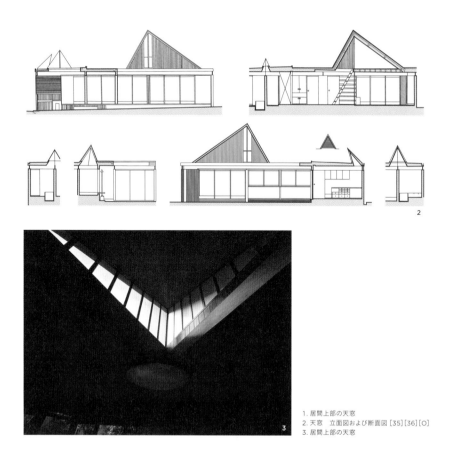

2

1. 居間上部の天窓
2. 天窓　立面図および断面図［35］［36］［O］
3. 居間上部の天窓

4-5. 和室上部の天窓
6-7. フラットルーフから突出する天窓

期待感と空間の印象を高める回転扉

前川國男自邸 / 前川國男 / 1942

　前川國男の自邸では、居間の入口に約 1600mm もの幅がある巨大な扉が立ちはだかる。丁番が見当たらない、一見不思議な回転扉である。

　この扉を押し開けると、居間南側の全面開口から降り注ぐ心地よい光が来訪者を迎え入れる。その際、居間が隠れるように回転する大扉は、吹抜け上部への視線を遮る壁のような役割も果たしており、それにより居間の広がりがより一層感じられる仕掛けにもなっている。なお、設計当初の図面では、扉の回転軸が左右逆にされており、その効果を意図して途中で変更したことがうかがえる。

　その大きさもさることながら、特別な部屋に入るという期待感を高めつつ、視線のコントロールを可能にするという二つの機能を併せ持つ点でも、他に例のない扉と言えよう。

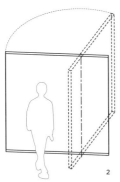

2

1. 居間の回転扉
2. 居間の回転扉　立体概略図 [29][O]
3. 居間から見た回転扉（扉閉鎖時）
4. 居間から見た回転扉（扉開放時）

3
4

四分の一円の開口を持つ食事室の間仕切り

聴竹居 / 藤井厚二 / 1928

　聴竹居では、円弧を用いた開口のデザインを見ることができる。なかでも食事室の間仕切りに施された四分の一円のくり抜きは、幾度となくつくり直したと言われており、特別なこだわりが感じられる開口である。居間の床面よりも150mm高くされた食事室は、和と洋の融合がうかがえる間仕切りにより区分されつつ、その開口部を通して居室・縁側・読書室などの周囲の気配も伝わるワンルーム的な空間としても成立している。

　この他、居室と客室を区切る欄間や閑室の下段の間の腰掛の間仕切りにも円弧が用いられているが、そうした直線の中に円弧を取り入れるデザインには、空間の印象を和らげ、リラックスできる場を生み出す意図が垣間見える。

1. 居室と客室間の欄間
2. 閑室の下段の間の腰掛の間仕切り
3. 食事室の間仕切り　姿図 [02]
4. 食事室の間仕切り

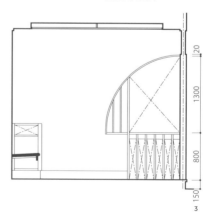

4

壁の中に収納できる襖

四君子苑 / 吉田五十八 / 1963

　四君子苑母屋の下の間と上の間の境界では、吉田五十八により新たな襖の形が提示されている。

　従来、襖と欄間は別々の要素として設置されるものだが、ここでは壁面に固定しているかのように見える柱が回転し、欄間付きの襖を壁の中に収納できる仕掛けが施されている。その上部を見上げると、鴨居の溝は天井の目地に揃えられたデザインとされている。

　加えて、コンセントなどの電気設備も襖の奥に隠されており、そこにも吉田のこだわりがうかがえる。

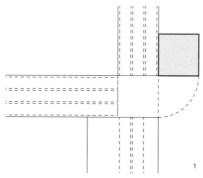

1. 回転する柱と鴨居　平面詳細概略図 [15] [O]
2. 下の間と上の間の境界（襖収納時）
3. 設置されたコンセント類
4. 下の間と上の間の境界（襖閉鎖時）

隠すための建具

聴竹居 / 藤井厚二 / 1928
前川國男自邸 / 前川國男 / 1942
四君子苑 / 吉田五十八 / 1963

　建具は何かを隠すために使用されることがあるが、その使われ方は様々である。

　四君子苑母屋の上の間では、擦上障子により仏間が隠されている。障子を上にスライ
ドさせると、照明も設えられたケヤキの仏間が現れ、上の間は祈りの空間に生まれ変わる。

　一方、聴竹居では、居室に隣接する3畳の小上がりの北側壁面に扉付きの飾り棚が

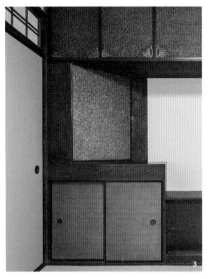

設置され、中に仏壇が収められていた。扉は片開きで、仏壇は居室に向けて斜めにつくられている。その位置は居室から少し見上げる高さに据え付けられている一方、北側の壁面上部には神棚も設けられており、立ったまま向きを変えるだけで仏壇と神棚の両方を拝むことができる。言わば、居室ごと祈りの空間に変化させることができる造りになっている。

　他方、前川國男の自邸の書斎では、洗面台を含めた収納が3枚の引き違い戸で隠れる仕掛けを見ることができる。戸を閉めた状態では一つのボリュームに見える収納には靴入れも収められ、洗面台には照明も付けられており、現代的な風情が感じられる。4枚戸の違いがあるが、同様の収納は女中室にも設置されている。

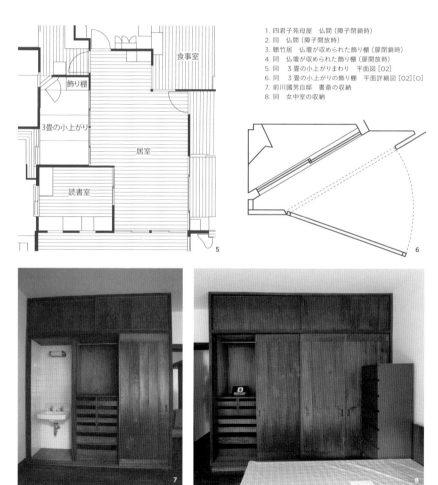

1. 四君子苑母屋　仏間（障子閉鎖時）
2. 同　仏間（障子開放時）
3. 聴竹居　仏壇が収められた飾り棚（扉閉鎖時）
4. 同　仏壇が収められた飾り棚（扉開放時）
5. 同　3畳の小上がりまわり　平面図 [02]
6. 同　3畳の小上がりの飾り棚　平面詳細図 [02][O]
7. 前川國男自邸　書斎の収納
8. 同　女中室の収納

食事室
飾り棚
3畳の小上がり
居室
読書室

和紙が重ね貼りされた引き手

足立別邸 / アントニン・レーモンド / 1966

　足立別邸では、建具の引き手に色鮮やかな和紙が重ね貼りされている。人の手が頻繁に触れることで生じる傷みや汚れから守ることが第一の目的だが、その色彩と形が織りなす構成には抽象絵画を思わせるものがある。日本の伝統的な襖絵に対するレーモンドからのオマージュとも捉えられ、室内に動きのあるモダンな表情を付与している。

1. 寝室の襖　　　　　3. 居間の襖（室内側）
2. 居間の襖（廊下側）　4. 重ね貼りされた和紙

暖炉

暖炉は、空調設備では味わえないその格別な暖かさとともに、揺らめく炎と心地よい音が穏やかな空間と時間を演出してくれる。その存在感と求心性がもたらす効果は大きく、建築家の諸作品では大切な構成要素として扱われていることも多い。

　本章では、タイプの違う四つの暖炉を紹介しているが、それぞれの空間との調和にも注目していただきたい。そこには、空間と一体的に捉えられた秀逸なデザインが見られるとともに、建築家それぞれの作風の違いが垣間見えるだろう。

居間の中核をなす黒の暖炉壁

飯箸邸 / 坂倉準三 / 1941

　飯箸邸の居間では、入口脇の黒い壁面に暖炉が設えられている。その炉は壁越しの台所側に張り出しており、居間側の開口部は壁が四角にくり抜かれただけの非常にシンプルなデザインとされている。加えて、周囲を取り巻く黒の縁取りが背面の黒い壁面と相まって、よりモダンな印象を強めている。

　黒で統一された暖炉壁は、開口部と上部の棚板がシンメトリーに配され、さらに壁に厚みを持たせることで周囲の白い壁面から浮き上がっている。こうした構成により、暖炉壁全体に視線が集まることになり、居間の中核をなす重要な要素となっている。

1. 居間の暖炉壁

空間を統べる暖炉

脇田邸 / 吉村順三 / 1970

　脇田邸の2階には、暖炉を中心として一体的な空間がつくり出されている。そこでは居間・食堂・台所のどの位置からも暖炉を眺められ、各所に置かれた椅子に座りながら思い思いの場所でその炎と音を楽しむことができる。まさに空間を統べる暖炉と言えるだろう。

　壁を背にした一面開口の暖炉は、コンクリートの袖壁の上に鉄板製のフードを載せただけのシンプルなデザインで、床の紫やソファの青といった室内の彩色を損なうことなく、存在感を放っている。

1. 居間の暖炉

表情が異なる二つの暖炉

井上邸 / アントニン・レーモンド / 1952
足立別邸 / アントニン・レーモンド / 1966

　レーモンドによる井上邸と足立別邸には、それぞれに異なった表情を持つ暖炉が設えられている。

　一見ストーブのようにも見える井上邸の暖炉は、その無骨な形と鉄の素材感が丸太の柱や小屋組と調和している。暖炉は居間に入ってすぐの場所に壁から独立して据え付けられており、造り付けのソファとの間で動線を形づくっている。また、暖炉の背面と造作棚との間には通路のような細長い空間も形成されている。こうして絶妙に配置された暖炉は、空間を緩く仕切る要素としても機能している。

　対して、足立別邸の暖炉は、壁面に設置されており、白いコンクリートのフレームに石張りという井上邸とはまったく異なる意匠が施されている。壁面一杯の幅を持つフレームでは炉の開口と造作家具が一体的にデザインされており、その堂々とした佇まいには人を引きつける力強さが感じられる。

1. 井上邸　居間の暖炉
2. 足立別邸　居間の暖炉

ソファコーナーの小さな暖炉

園田邸 / 吉村順三 / 1955

　園田邸の暖炉は、居間のソファコーナー（p.98）の一角に控えめに設えられている。ソファに対面した暖炉の背面を巡るL字のコンクリート壁が奥まった雰囲気を高め、天井高の低さと相まって親密な空間が生み出されている。壁のチャコールグレーとL字の開口部との対比も美しく、窓辺にさらなる心地よさを付与している。

　スペースの広さに合わせて、暖炉は小ぶりにデザインされている。通常、輻射熱を効率よく得るには開口部上端の高さを床から70cm以上とすることが望ましいとされるが、開口部が小さいこの暖炉では、炉の下面を上げることで高さを調整している。それにより中空に浮かんだような形状が生まれており、そこに壁から張り出したフードが加わることで、軽やかな印象がもたらされている。

1. ソファコーナーの暖炉　断面図［33］
2. ソファコーナーの暖炉
3. L字のコンクリート壁と暖炉

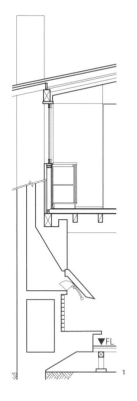

造作家具

建物と一体でデザインされる造作家具は、設置場所の寸法に合わせて製作されることから、空間を余すことなく活用できるメリットがある。日々の生活には多数の道具が欠かせないが、快適な暮らしを保つ上では、適切な場所に無駄なく収納できる状態を確保しておくことが望ましい。その点で、空間を有効に活用できる造作家具を設置することは効果的だと言えるだろう。加えて、建物と同時に検討されることで室内に統一感を付与することもできたり、遊び心を盛り込むことや、アクセントとなる家具を配することも可能となる。

　本章では、それぞれの空間に応じて独自にデザインされた各種造作家具を紹介する。空間を緩やかに区切る機能を兼ねていたり、中空に浮かぶデザインが施されていたりと、唯一無二のユニークな家具が並ぶが、そこでは置き家具ではつくり出せない空間が生まれている。

平面形に合わせてデザインされた家具

脇田邸 / 吉村順三 / 1970

　くの字に曲がる平面を持つ脇田邸では、その独特の形状に合わせた家具がデザインされている。居間の中央部に置かれた収納棚は、動線の妨げにならないよう角が削られている。また、天板下の収納部分をずらして配置することで隙間を設け、光や視線を通す仕掛けを盛り込むことにより、空間を分断しない工夫も施されている。

　一方、食堂には、壁に沿うように配されたソファとその形状に合わせたダイニングテーブルが設置されている。このテーブルの脚は、ソファに座る際に足が入れやすくなるよう絶妙に配置されており、隅々にまで行き届いたデザインを見ることができる。

1. 食堂のダイニングテーブル・チェアとソファ
2. 食堂　平面概略図 [33][O]
3. 居間の収納棚

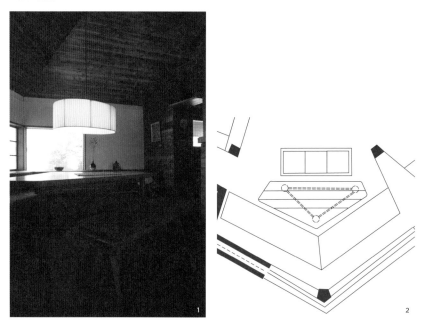

台所の独立性を示す家具

脇田邸 / 吉村順三 / 1970

　脇田邸の2階には、くの字形平面の屈曲部にカウンターで囲まれた台所が設えられている。台所からは眼前の開口部越しに庭のパノラマが広がるが、このカウンターの程よい高さがその視界の広がりを強調するとともに、心地よい囲われ感を生み出しており、居間・食堂と一体的に設計された生活空間の中で台所の独立性が確保されている。

　加えて、周囲と素材・色彩が異なるレンジフードの存在も、台所の独立性を示す上で一役買っている。また、食堂との出入口の上部に設置されたボックス棚も、領域を分ける仕掛けとして機能しており、柱の間に浮かんだような取り付け方には遊び心も感じられる。

1. 台所のカウンターとレンジフード
2. 台所のカウンターとレンジフード　断面概略図 [O]
3. 台所まわり　平面図 [33]
4. 台所の出入口と上部のボックス棚

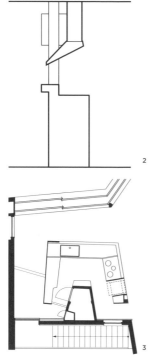

食事を彩る小さな配膳口

前川國男自邸 / 前川國男 / 1942

　前川國男の自邸では、ダイニングスペースと台所を隔てる壁面に幅約 650mm、高さ約 420 mm の小さな配膳口が設えられている。開口部の下側には中央がわずかに膨らむ台が張り出し、愛らしい雰囲気を醸し出す。上部を円弧にデザインされた隣の扉との関係も絶妙で、窓辺での日々の食事を彩る要素としても機能している。

　配膳口の台所側には引き戸が設置されており、ダイニングスペースと台所を完全に仕切ることもできる。引き戸が台所側に配されていることで、台はダイニングスペース側の要素として位置づけられ、扉を閉じた際には飾り棚のような雰囲気も醸し出す。

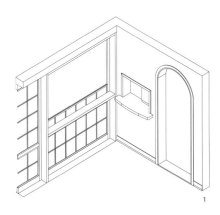

1. ダイニングスペースまわりの開口部
　アイソメトリック概略図 [29] [O]
2. 配膳口と北面開口部
3. ダイニングスペースから見た配膳口
4. 台所から見た配膳口

機能性に優れた配膳カウンター

足立別邸 / アントニン・レーモンド / 1966

　足立別邸の台所では、廊下に面して配膳カウンターが設置されている。廊下側では、配膳口の壁面を後退させることで天板の張り出しを抑えるデザインにより、廊下での往来を妨げない工夫が施されている。

　また、間口が広くとられたカウンターは使い勝手が良く、台所側では作業台としても機能する。すぐ横に配された流し台、上部に据え付けられた食器棚などにも、使い手に対する行き届いた配慮がうかがえる。

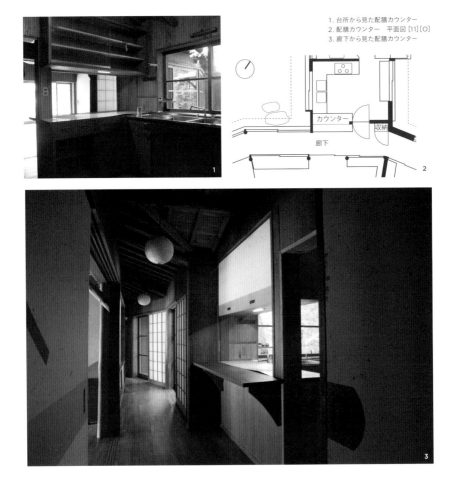

1. 台所から見た配膳カウンター
2. 配膳カウンター　平面図 [11][O]
3. 廊下から見た配膳カウンター

浮遊する棚

私の家 / 清家清 / 1954

　私の家は、基本ワンルーム空間で、カーテンで間仕切りができるようになっているが、そのカーテンの手前に、重力に反して床から浮いたように見える棚がある。床掃除をしやすくするために生み出されたものだが、その姿にはユーモアも感じられる。実用性のみならず、こうしたユーモアも日々の暮らしを豊かにしていく上で必要ではないだろうか。

1. 浮遊する棚（カーテン開放時）
2. 浮遊する棚　断面概略図 [39] [42] [O]
3. 浮遊する棚（カーテン閉鎖時）

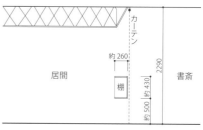

居間　　約260　棚　約500　約430　2290　書斎　カーテン

居間と廊下を緩やかに区切る収納棚

井上邸 / アントニン・レーモンド / 1952

　井上邸の居間では、柱から張り出す収納棚が中空に浮かぶ。上半分の背板が除かれた意匠により棚・柱・襖の重なりが強調されており、視線が抜ける見せ方も心地よい。

　加えて、襖を開けた際には、浮遊するデザインが狭い廊下を広く感じさせ、居間と廊下を緩やかに区分しながらも一体化させる役割を果たしている。また、足元が抜けていることで、風が通り、掃除もしやすいという利点もある。

1. 廊下から見た収納棚
2-3. 居間から見た収納棚

寝室のボックス棚

足立別邸 / アントニン・レーモンド / 1966

　足立別邸の寝室では、窓の下に横長のボックス棚が設えられている。窓の下端に天板が揃えられた棚は、花台などとして使うこともでき、窓辺を演出する場にもなる。床面から浮かせたデザインによって、部屋の広がりを損なうことなく、必要な収納スペースが確保されている。また、窓と床面との間のアクセントにもなりつつ、心地よいスケール感を演出している。

1. 寝室のボックス棚

パティオのボックス棚

井上邸 / アントニン・レーモンド / 1952

　居間と寝室の間にある井上邸のパティオ（p.52）には、半屋外の心地よい空間が広がる。そこに設えられたボックス棚は、食事の際に食器や料理を置くなど、状況に応じて多様な使い方ができる。地面から浮かすことで、軽やかな印象を与えるとともに、湿気から家具を守っている。また、室内で使用されることの多い和紙が引き戸に採用されていることで、屋外でありながら室内にいるかのように感じさせる効果も付与されている。

1. パティオのボックス棚

開口部が設置された読書机

聴竹居 / 藤井厚二 / 1928

　聴竹居の読書室では、正面に開口部を設けた二つの机が並置されている。この開口部からは縁側を介して外の景色を一望できるとともに、縁側でくつろぐ人と会話をすることもできる。一方、読書に集中したいときには、障子を閉じることで個室のようなスペースに変えられる。机の間に設えられた収納棚が互いのプライバシーを確保しつつ、程よく囲われた机上では、障子越しの柔らかな光が手元を照らし、読書に没頭できる場が形づくられている。

　また、外に向かって左の机の壁面、右の机の机上、さらに背後の藤井用の机の壁面には、電気スタンド用のコンセントが設えられている。

1

1. 読書室から机越しに縁側・庭を望む
2. 縁側から開口部越しに読書室を望む
3. 読書室・縁側・庭の関係　概略図［O2］［O］
4. 読書室の机

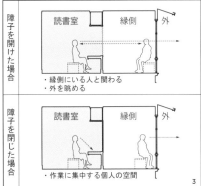

障子を開けた場合	読書室	縁側	外
	・縁側にいる人と関わる ・外を眺める		

障子を閉じた場合	読書室	縁側	外
	・作業に集中する個人の空間		

2

3

4

置き家具・照明

昨今の住宅では、家具や照明は入居者が好みで選ぶものという考え方が一般となり、建築家が建物とともにそれらを総合的にデザインすることはあまり見られなくなったように感じられる。しかしながら、住宅を計画する段階からどのような家具や照明を持ち込むかを想定し、それを前提に設計された空間は格別な仕上がりとなる。その事実を理解していたかつての建築家は、家具や照明も建物とともに総合的に検討することを当然と考えていた。

　本章では、そうした考え方をもとに住宅に合わせてデザインされた家具や照明を紹介している。日々の暮らしと室空間に調和するように丁寧につくられたそれらからは、吟味することの大切さがひしひしと伝わってくる。

移動可能な畳

私の家 / 清家清 / 1954

　土足での暮らしが採用された私の家では、2 畳分の畳にキャスターが装着された移動可能な家具が設置されている。この畳は、腰をかけたり、布団を敷いて寝たりと、種々の活動に応じて様々な用途に使うことができ、屋外の庭でも使用されていた。いわば移動可能な小さな居間のような装置である。

1

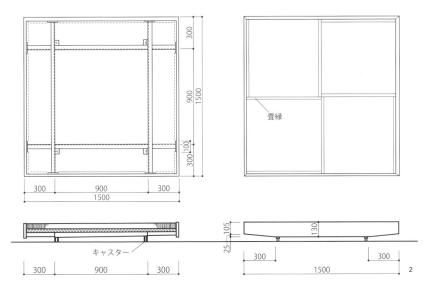

畳縁

キャスター

300 | 900 | 300

300 | 900 | 300
1500

105
25

130

300 | 1500 | 300

2

1. 居間に設置された畳
2. 移動可能な畳　詳細図［39］［42］
3. 移動可能な畳

3

状況に合わせてデザインされた肘掛け椅子

聴竹居 / 藤井厚二 / 1928

　聴竹居では、デザインの異なる二つの肘掛け椅子を見ることができる。

　客室に置かれた椅子は、着物で座ることを想定して座面が低くされ、帯が背もたれに、袖が肘掛けに当たらないような工夫が施されている。藤井は日本人の体形には和服が最も適していると考えていたため、彼の一家は、子供は洋服、大人は和服で暮らしていた。設計当時の時代背景と使用状況を偲ばせるデザインと言えよう。

　一方、食事室では、その空間に調和するように障子の格子を背面・側面にあしらった椅子がつくられた。そのシャープなデザインは障子との相性も良く、室内に統一感を与えている。

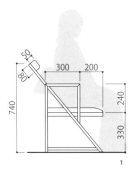

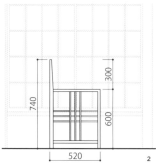

1. 客室の肘掛椅子　側面図 [02] [O]
2. 食事室の肘掛椅子　側面図 [02]
3. 客室の肘掛椅子
4. 食事室の肘掛椅子
5. 食事室の肘掛椅子と障子（改修前）

方位と格子パターンが一致する照明

聴竹居 / 藤井厚二 / 1928

　聴竹居の食事室では、天井中央に設置された正方形の照明器具から穏やかな光が落ちる。本住宅では日照への配慮から方位に対して45度振るように建物が配されているが、照明の表面にデザインされた十字形の格子パターンは方位とほぼ合致しており、これにより住宅と方位の関係性、さらには太陽の動きを知ることができる。食卓を優しく照らす照明の光は、北側のL字の開口部から取り込まれた柔らかな陽光とともに空間に温もりを付与している。

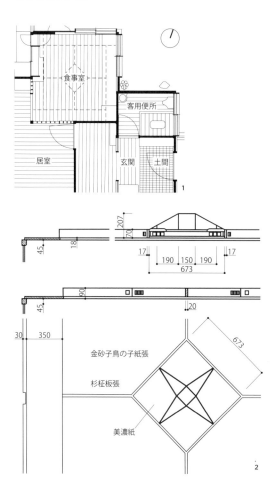

1. 食事室まわり　平面図 [02]
2. 食事室の照明　詳細図 [02]
3. 食事室

3

効率よく光を送る照明

聴竹居 / 藤井厚二 / 1928

　聴竹居の客室では、床の間の上部に見慣れない形をした照明器具が設えられている。三角形の面が二つ、壁から張り出したそのデザインには、一つの光源で室内と床の間の両方向を照らし、効率よく光を送る工夫がうかがえる。さらに、照明器具の前方に向けて一枚板の天井がのびることで、光が板に反射し、より奥へと光を届ける仕掛けも施されている。

1. 客室の照明　詳細図 [02]
2. 客室　断面図　照明からの光の進み方 [02] [O]
3. 床の間から見た照明
4. 客室

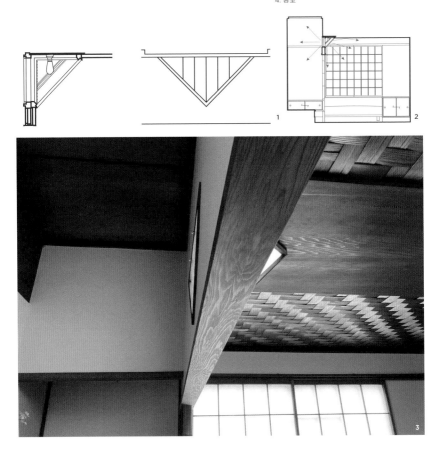

大きさが異なる三つの円形照明

聴竹居 / 藤井厚二 / 1928

　聴竹居の居間の天井には、同一デザインの三つの円形照明が設置されている。そのサイズは各々が照らす場所の広さに合わせて変えられており、細部にまで行き届いた設計がなされていることを確認できる。また、側面からも光を放つ意匠とされていることで、天井面にも光が広がり、空間全体を明るくする効果が高められている。

　シェードの上部に配された反射板は、金色と（現在は黒ずんでしまっているが）銀色の反射率の異なる2枚の板で構成されている。そのディテールには、反射率の高い内側の金色の板で光を効率よく拡散し、それを取り巻く反射率の低い銀色の板で天井面との間を緩やかにつなぐ意図がうかがえる。

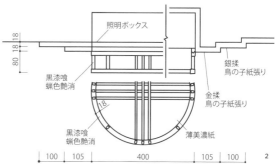

照明ボックス

銀揉
鳥の子紙張り

金揉
鳥の子紙張り

黒漆喰
蝋色艶消

黒漆喰
蝋色艶消

薄美濃紙

18　18

80　18

| 100 | 105 | 400 | 105 | 100 |

2

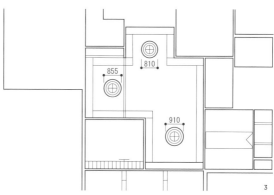

855

810

910

3

1. 居間の照明
2. 居間の照明　詳細図 [O2]
3. 居間　天井伏図　照明の配置 [O2][O]

聴竹居の家具と照明

聴竹居 / 藤井厚二 / 1928

　これまで紹介してきたように、聴竹居の各室には藤井自身が設計した家具や照明が配されている。それらを使用素材と造形・機能の関係から見てみると、家具では硬いチーク材を使うことで細身のデザインが実現されており、細やかな細工に日本的な印象が感じられる。

　一方、照明のほとんどには和紙（薄美濃紙）が用いられており、その理由は和紙が散光に優れるためと言われる。また、ペンダント照明のフレームにはチーク材が使われているが、コーナー部はフレームを設けずに和紙を折り曲げることで形づくられており、軽さが感じられるデザインが施されている。

　そうした素材と造形・機能を上質に融合させた藤井のデザインでは、和と洋の調和が見事に実現されている。

1. 客室のテーブルと椅子
2. 客室のテーブル
3. 縁側のペンダント照明
4. 下段の間のテーブルと椅子

天井に組み込まれた照明

四君子苑 / 吉田五十八 / 1963
猪股邸 / 吉田五十八 / 1967

　　吉田五十八が手がけた四君子苑母屋と猪股邸では、異なるタイプの天井照明を見ることができる。

　　四君子苑母屋の居間には、広々とした光天井が設えられている。そのディテールを見ると、シェードを支える桟により面を大きく分割した上で、シェードに凹凸模様をつける

1. 四君子苑母屋　居間の光天井
2. 同　居間

ことでさらに細分するデザインが施されており、空間が間延びすることを回避するととも
に、大きな光天井を人間的なスケールに近づける工夫が凝らされていることがわかる。
併せて、シェードの凹凸模様が陰影を生み出し、明かりの表情を豊かにしている。

　対して、猪股邸の居間では、天井を掘り込んで設置された照明が見られる。この照明
では、設置部分を段状に掘り込むことで光と影のコントラストが高められ、天井面に立
体感が付与されている。その段状の窪みに見える溝は空調の吸い込み口としても機能し
ており、実用性も兼ね備えたデザインとも言えよう。

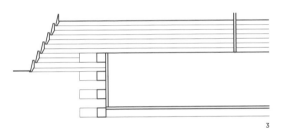

3. 猪股邸　居間の照明
　断面詳細概略図［O］
4. 同　居間の照明

3

4

操作性の高いベッドカウチ

井上邸 / アントニン・レーモンド / 1952

　井上邸の家具は、デザイナーであった妻のノエミによりデザインされた。

　その一つ、居間に造り付けられたベッドカウチは、名前の通り、普段は奥行き630mm、幅1890mmの座面に3人が座れるカウチとして使用しつつ、就寝時には幅900mm、長さ1890mmのベッドにすることができる。キャスターがついた座面を引き出すだけでベッドになるシンプルな仕組みで、操作性の良さに加え、カウチ下の掃除もしやすい利点も備えた家具である。同様のベッドカウチは、寝室でも見ることができる。

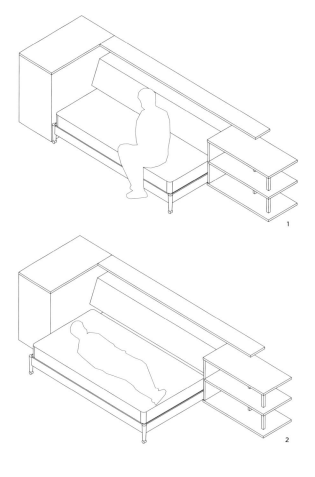

1

2

1. ベッドカウチ（ソファ使用時）
　 アイソメトリック図 [13] [O]
2. ベッドカウチ（ベッド使用時）
　 アイソメトリック図 [13] [O]
3. 居間のベッドカウチ
4. 寝室のベッドカウチ

参考文献

[01] 聴竹居圖案集、藤井厚二、岩波書店、1929 年
[02] 「聴竹居」実測図集 増補版 環境と共生する住宅、竹中工務店設計部 (編)、彰国社、2018 年
[03] 聴竹居 藤井厚二の木造モダニズム建築、松隈章、平凡社、2015 年
[04] 「日本の住宅」という実験 風土をデザインした藤井厚二、小泉和子、農山漁村文化協会、2008 年
[05] 新建築 2023 年 7 月号、新建築社
[06] 現代日本建築家全集 I アントニン・レーモンド、栗田勇 (監修)、三一書房、1971 年
[07] アントニン・レーモンド建築詳細細図譜 [復刻版]、アントニン・レーモンド、鹿島出版会、2014 年
[08] 建築ライブラリー 7 A・レーモンドの住宅物語、三沢浩、建築資料研究社、1999 年
[09] モダンデザインが結ぶ暮らしの夢、住田常生・小谷竜介・大村理恵子 (編著)、Opa Press、2019 年
[10] おしゃれな住まい方 レーモンド夫婦のシンプルライフ、三沢浩、王国社、2012 年
[11] JA33 アントニン・レーモンド、新建築社、1999 年
[12] 高崎市美術館作成図
[13] アントニン&ノエミ・レーモンドのトータルデザイン、鈴木敏彦、NICHE 03、丸善出版、2016 年
[14] ヘヴンリーハウス 20 世紀名作住宅をめぐる旅 5 吉田五十八自邸／吉田五十八、冨永譲、東京書籍、
      2014 年
[15] 京・数寄屋と茶庭 四君子苑百景、北村美術館 (編)、講談社、1982 年
[16] 現代日本建築家全集 3 吉田五十八、栗田勇 (監修)、三一書房、1974 年
[17] 建築家吉田五十八、砂川幸雄、晶文社、1991 年
[18] 吉田五十八作品集 改訂版、吉田五十八作品集編集委員会 (編)、新建築社、1980 年
[19] 吉田五十八建築作品集 第 I、吉田五十八、目黒書店、1949 年
[20] 饒舌抄、吉田五十八、新建築社、1980 年
[21] 建築家坂倉準三 モダニズムを住む | 住宅、家具、デザイン、パナソニック電工汐留ミュージアム
      (編)、建築資料研究社、2010 年
[22] 建築家坂倉準三 モダニズムを生きる | 人間、都市、空間、神奈川県立近代美術館 (編)、建築資料
      研究社、2010 年
[23] 坂倉準三とはだれか、松隈洋、王国社、2011 年
[24] 住宅建築 2009 年 7 月号、建築資料研究社
[25] 一日本小住居、坂倉準三建築研究所、新建築 1942 年 I 月号、新建築社、1942 年
[26] 「長方形のプリズム」 坂倉準三設計『飯箸邸』の記録と保存から、藤木隆男・金澤良春、
      DOCOMOMO Japan 2008 in Kyoto 研究発表論文集、2008 年
[27] 建築家 前川國男の仕事、生誕 100 年・前川國男建築展実行委員会 (監修)、美術出版社、2006 年
[28] 前川さん、すべて自邸でやってたんですね 前川國男のアイデンティティー、中田準一、彰国社、2015 年
[29] 江戸東京たてもの園 前川國男邸復元工事報告書、東京都歴史文化財団・東京都江戸東京博物館
      分館江戸東京たてもの園 (編)、1999 年
      ([29＊] は、本書掲載、移築・復元前の前川事務所所蔵の「前川國男邸」の図面類を指す)
[30] 前川國男 賊軍の将、宮内嘉久、晶文社、2015 年
[31] 名作住宅で学ぶ建築製図、藤木庸介 (編著)、学芸出版社、2008 年
[32] 吉村順三作品集 1941-1978、吉村順三、新建築社、1979 年
[33] 吉村順三のディテール 住宅を矩計で考える、吉村順三・宮脇檀、彰国社、1979 年
[34] コート・ハウス論 その親密なる空間、西澤文隆、相模書房、1974 年
[35] 新建築 1962 年 10 月号、新建築社
[36] 国立近現代建築資料館 (国) 収蔵資料
[37] 清家清 ARCHITECT KIYOSHI SEIKE 1918-2005、『清家清』編集委員会 (編)、新建築社、2006 年
[38] 清家清のディテール 間戸・まど・窓、デザインシステム (編著)、彰国社、1984 年
[39] 別冊新建築 日本現代建築家シリーズ 5 清家清、新建築社、1982 年
[40] 住宅建築 2008 年 I 月号、建築資料研究社
[41] やすらぎの住居学 3 ゆたかさの住居学 家族を育む住まい 100 の知恵、清家清、情報センター出
      版局、1998 年
[42] 住まい学体系 080 「私の家」白書 戦後小住宅の半世紀、清家清、住まいの図書館出版局、1997 年
[43] 日本のすまい II、西山夘三、勁草書房、1976 年
[44] 藤森照信の原・現代住宅再見、藤森照信、TOTO 出版、2002 年
[45] モダンリビング 2017 年 I 月号、ハースト婦人画報社、2016 年
[46] Casa BRUTUS 2017 年 II 月号、マガジンハウス
[47] すまい再発見 世界と日本の珠玉の住宅 76、一般財団法人住総研 (編)、建築資料研究社、2017 年
[48] 日本の住宅遺産 名作を住み継ぐ、伏見唯、世界文化社、2019 年
[49] 昭和住宅、辻泰岳・大井隆弘・飯田彩・和田隆介、エクスナレッジ、2014 年
[50] 名作住宅から学ぶ窓廻りディテール図集、堀啓二＋共立女子大学堀研究室 (編著)、オーム社、2016 年
[51] デザイナーのためのディテール設計資料 住宅設備編、彰国社編集部 (編)、彰国社、1967 年

おわりに

　本書は、九州産業大学建築都市工学部住居・インテリア学科の教員と有志の学生らが集まり、主として2016年から2017年にかけて実施した現地調査の結果をもとに執筆したものである。

　その背景には、日頃の指導の中で、優れた住宅作品を体験する機会が少ない学生たちにその豊かさを伝えることの難しさを痛感していたことがあった。そこで、学生たちが見るべき優れた住宅を選び出した上で調査を行い、得られた数々の知見や学びを一冊にまとめることで住宅設計のサブテキストにしようという考えから、本書が生まれた。調査に参加した我々自身も、普段味わうことができない貴重な空間体験に多くを学んだ。そして、現地で強く実感した名作住宅の魅力や豊かさを、デザイン手法や特徴的な空間シーン・エレメント・ディテールなどから紐解くことを本書のねらいとした。

　本書では、現地での空間体験をできるだけ伝えるべく解説を行い、写真・図面を選定した。そのため、オリジナルを重んじる歴史意匠研究の立場とは異なり、現存する空間の実体験から得られる魅力や特徴を中心に紹介している。本書で取り上げた住宅の中には、博物館内で公開されているものもあり、見学できる事例についてはぜひとも足を運んでほしい。また、現地へ足を運べない場合でも、本書から各作品の空間の魅力や特徴を追随して感じてもらうことができれば幸いである。

　本書が完成するまでには、多くの方々にお世話になった。改修工事（2019年11月〜2023年3月）後の写真を提供いただいた聴竹居倶楽部の松隈章代表理事、図面の作成・掲載を承諾いただいた前川建築設計事務所、京都工芸繊維大学工芸科学部デザイン・建築学課程の笠原一人助教、高崎市美術館、北村美術館、江戸東京たてもの園、住宅遺産トラスト、吉村順三記念ギャラリー、国立近現代建築資料館（国）、各住宅の所有者および関係者、その他ご協力いただいたすべての方々に感謝の意を表したい。

　最後に、今回収録した住宅のうち、西澤文隆設計の「平野邸（正面のない家）」は2020年1月に惜しくも解体された。今なお解体の危機にさらされている作品は多数あるが、これからもできるだけ多くの名作住宅が後世に伝えられていくことを切に願う。

小泉　隆

著者紹介

小泉　隆　Takashi Koizumi

九州産業大学建築都市工学部住居・インテリア学科教授。1964 年生まれ。東京理科大学工学部建築学科卒業、同大学院工学研究科博士課程修了。博士（工学）。2006 年度ヘルシンキ工科大学（現・アアルト大学）建築学科訪問研究員。2017 年より現職。日本フィンランドデザイン協会理事。著書に『北欧のパブリックスペース』『北欧建築ガイド』『北欧の建築』『アルヴァ・アールトの建築』『アルヴァ・アアルトのインテリア』『北欧の照明』など多数。

松野尾仁美　Yoshimi Matsunoo

九州産業大学建築都市工学部住居・インテリア学科准教授。1968 年生まれ。熊本大学工学部環境建設工学科建築コース卒業、同大学院工学研究科環境建設工学専攻修了。1993 ～ 98 年積水化学工業株式会社住宅綜合研究所勤務。よしみ建築設計主宰、有限会社 CAMELC 一級建築士事務所代表取締役を経て、2014 年佐賀大学大学院工学系研究科博士後期課程修了。博士（工学）。2017 年より現職。

福山秀親　Hidechika Fukuyama

九州産業大学建築都市工学部住居・インテリア学科教授。1963 年生まれ。九州芸術工科大学芸術工学部環境設計学科卒業。1986 ～ 95 年株式会社乃村工藝社勤務。1995 ～ 2015 年有限会社福山秀親計画機構代表取締役。2017 年より現職。

信濃康博　Yasuhiro Shinano

九州産業大学建築都市工学部住居・インテリア学科准教授。1965 年生まれ。宇都宮大学建築工学科卒業、同大学院修士課程修了。修士（工学）。1990 ～ 94 年株式会社葉デザイン事務所勤務。1994 年信濃設計研究所設立。2017 年より現職。

吉村祐樹　Yuki Yoshimura

九州産業大学建築都市工学部住居・インテリア学科講師。1984 年生まれ。九州産業大学工学部建築学科卒業。同大学院工学研究科建築学専攻博士前期課程修了。修士（工学）。2014 年吉村 Design&Crafts 設立。2021 年より現職。

近藤岳志　Takeshi Kondo

九州産業大学建築都市工学部住居・インテリア学科非常勤講師。1979 年生まれ。九州産業大学工学部建築学科卒業、同大学院工学研究科建築学専攻修士課程修了。修士（工学）。2004 ～ 08 年株式会社環・設計工房勤務。2008 年 ATKdesign 設立。2013 年株式会社 ATK design 代表取締役就任。2011 年より現職。

写真クレジット

北村美術館 ：p.155-fig.5

斎藤サダム ：p.46-fig.2&3、p.47-fig.4、p.96-fig.2、p.97-fig.3&4、p.98-fig.1、p.99-fig.4&5、p.140-fig.2&3、p.141-fig.4、
p.184-fig.2、p.185-fig.3

竹中工務店 ：p.40-fig.1、p.41-fig.4、p.60-fig.1、p.133-fig.2、p.144-fig.1、p.145-fig.2、p.146-fig.4&5、p.158-fig.1、
p.159-fig.2、p.170-fig.1&2、p.171-fig.4、p.174-fig.3&4、p.200-fig.1、p.201-fig.2&4、p.206-fig.3&4、
p.209-fig.3、p.210-fig.3、p.211-fig.4、p.212-fig.1、p.214-fig.1、p.215-fig.2&3&4

小泉隆 ：上記以外の写真（うち、前川國男自邸の2階は通常非公開であり、特別に許可を得て撮影している）

作図

鬼塚文哉、志賀桜空、田中千尋、西依茉凜（以上、当時、九州産業大学建築都市工学部住居・インテリア学科学生）、
生熊有子、近藤岳志、嘉野広美

日本の名作住宅
エレメント&ディテール

2024年2月10日　初版第1刷発行

著者	小泉隆・松野尾仁美・福山秀親 信濃康博・吉村祐樹・近藤岳志
発行所	株式会社 学芸出版社 〒600-8216 京都市下京区木津屋橋通西洞院東入 電話 075-343-0811　E-mail info@gakugei-pub.jp
発行者	井口夏実
編集	宮本裕美・森國洋行
装丁	凌俊太郎
DTP	梁川智子
印刷・製本	シナノパブリッシングプレス

©Takashi Koizumi et al. 2024　Printed in Japan
ISBN978-4-7615-3298-7

JCOPY 《(社)出版者著作権管理機構委託出版物》

本書の無断複写（電子化を含む）は著作権法上での例外を除き禁じられています。複
写される場合は、そのつど事前に、(社)出版者著作権管理機構（電話 03-5244-5088、
FAX 03-5244-5089、e-mail: info@jcopy.or.jp）の許諾を得てください。また本書を代行
業者等の第三者に依頼してスキャンやデジタル化することは、たとえ個人や家庭内で
の利用でも著作権法違反です。

北欧建築ガイド
500 の建築・都市空間
小泉隆ほか 著 ｜ A5 変形判・240 頁・定価 2700 円＋税

デンマーク、スウェーデン、フィンランド、ノルウェー、アイスランドの 173 都市から
500 の建築を紹介する北欧建築ガイドの決定版。近現代の美術館、図書館、教会、店舗、
役所、学校、ホテル等の名作から、サウナや公園、街路等の公共空間、野趣に富む伝統
建築、注目の都市開発エリアまで、多彩な空間を 1000 枚超の写真で体験！

北欧の建築
エレメント＆ディテール
小泉隆 著 ｜ A5 判・240 頁・定価 3200 円＋税

北欧を代表する建築家の作品から、日本では知られていない建築家の名作、話題の現代
建築まで、多数のカラー写真と図面で巡るシンプルで美しく機能的なディテール。光、
色、構造、素材、窓、階段などのデザイン・エレメントを切り口に、A・アールト、E・G・
アスプルンド、A・ヤコブセンなど建築家 50 人の 77 作品を紹介。

アルヴァ・アールトの建築
エレメント＆ディテール
小泉隆 著 ｜ A5 判・240 頁・定価 3200 円＋税

北欧を代表する建築家アルヴァ・アールトが追求した美しく機能的なディテールを集め
た作品集。住宅や公共建築、商業施設、家具や照明器具にいたるまで、構造や技術を反
映した合理的なデザイン、素材や形へのこだわり、使いやすさが発揮された 170 のディ
テールを多数のカラー写真と図面で紹介。所在地リスト、書籍案内も充実。

アルヴァ・アアルトのインテリア
建築と調和する家具・プロダクトのデザイン
小泉隆 著 ｜ A5 判・208 頁・定価 3200 円＋税

上質な建築の真価は内部空間に現れる。北欧を代表する建築家アルヴァ・アアルトは、
自ら設計した建築のインテリアの隅々まで使いやすさ、美しさを追求した。暮らしに対
する鋭い感覚と研ぎ澄まされたデザイン力が結実した椅子、木製家具、照明、ガラス器、
テキスタイルの 120 作品を、500 点以上の写真、スケッチ、図面で紹介。

北欧の照明
デザイン＆ライトスケープ
小泉隆 著 ｜ A5 判・240 頁・定価 3300 円＋税

暗くて長い冬の間、室内で暮らす時間を楽しむため、北欧では優れた照明器具が多数生
みだされ、建築や都市空間を彩る照明手法が発達した。本書は、ポール・ヘニングセン
やアルヴァ・アアルトら、北欧のデザイナーや建築家 11 人が手がけた 100 の名作につ
いて、デザインと機能、空間の照明手法を 500 点に及ぶ写真と図面で紹介。

北欧のパブリックスペース
街のアクティビティを豊かにするデザイン
小泉隆／ディビッド・シム 著 ｜ B5 判・176 頁・定価 3300 円＋税

北欧のパブリックスペースは、自然環境に配慮し、個人の自由に寛容で、人間中心の包
括的な発想でデザインされる。ストリート、自転車道、広場、庭園、水辺、ビーチ、サ
ウナ、屋上、遊び場の 55 事例を多数の写真・図面で紹介。人はどんな場所でどのよう
に過ごしたいのか、アクティビティが生まれる都市空間を読み解く。